# Guide de Protection Psychique

40 techniques de protection pour vous libérer des énergies négatives et retrouver une meilleure santé mentale et physique

Ouassima Issrae Touahria, Maggie & Chris de Combe

Titre : Guide de Protection Psychique, 40 techniques de protection pour vous libérer des énergies négatives et retrouver une meilleure santé mentale et physique

ISBN : 9798856353258

Ouassima Issrae Touahria, Maggie & Chris de Combe

Powered by Coremagik ©2023

Tous droits réservés, y compris le droit de reproduire ce livre ou des parties de celui-ci sous quelque forme que ce soit.

Couverture du livre : SoftMuseArt & Ouassima Touahria

Pour plus d'informations sur l'autorisation de reproduire des sélections de ce livre, veuillez contacter Chrisdecombe@live.ca et info.ouassima@gmail.com

Pour plus d'informations sur nos cours de formation, veuillez visiter notre site Web à l'adresse suivante : https://thrivinginthenewvibration.com et www.coremagik.com

Toutes les informations contenues dans ce livre sont à des fins éducatives uniquement. Le contenu n'est pas en contradiction avec les règlementations médicales et n'est pas destiné à diagnostiquer, traiter ou guérir toute maladie, donner des prescriptions ou remèdes pour toute maladie ou condition de santé et n'est pas conçu pour remplacer toute forme de conseil médical ou professionnel.

*La connaissance est un pouvoir*

# Contenu

CHAPITRE 1 : PRÉPARATION .................................................................. 1
CHAPITRE 2 : LOIS COSMIQUES ET ATTAQUES PSYCHIQUES ........................... 5
CHAPITRE 3 : LA BATAILLE ENTRE LE BIEN ET LE MAL ? ............................... 15
CHAPITRE 4 : 16 TYPES D'ATTAQUES PSYCHIQUES ................................... 27
CHAPITRE 5 : 12 COMPÉTENCES POUR PERCEVOIR LES ATTAQUES PSYCHIQUES 57
CHAPITRE 6 : LES 40 TECHNIQUES DE PROTECTION .................................. 67
CHAPITRE 7 : 14 TECHNIQUES PLUS AVANCÉES ...................................... 135
CHAPITRE 8 : VUE D'ENSEMBLE........................................................... 147

# Chapitre 1 : Préparation

Pour ceux qui recherchent l'Unité,
l'Harmonie et la Grâce

# Introduction

La protection psychique n'est pas quelque chose de nouveau, c'est une pratique ancestrale que l'on retrouve dans toutes les cultures et traditions, ces techniques étaient accessibles, et les membres des communautés devaient respecter certains principes et appliquer quotidiennement certaines pratiques simples pour repousser les énergies négatives et les sorts et attirer l'abondance et les bonnes énergies.

Avec les changements dans les habitudes de vie, l'introduction de nouvelles technologies et la déconnexion avec les anciennes religions et traditions, les pratiques de protection psychique sont tombées dans l'oubli.

Cela n'empêche pas les perturbations et les attaques psychiques, car elles continuent d'exister et causent beaucoup d'inconfort et de malheur. La seule différence est qu'avant, on y croyait et donc, on savait comment se protéger.

En ignorant l'aspect invisible de notre réalité, nous négligeons notre propre énergie, notre hygiène vibratoire, nos frontières et nos limites par rapport aux autres...

Les sociétés d'aujourd'hui sont basées sur la peur et la négativité, il vous suffit de regarder la télévision, de lire le journal ou d'écouter la radio et vous serez rempli d'inquiétude et de colère. Les scénarios dramatiques et le fatalisme sont devenus une culture. Cette atmosphère joue sur les émotions et les pensées des individus et influence leur taux vibratoire, ce qui les rend encore plus vulnérables aux attaques psychiques et autres nuisances.

Les médias sont au fond... une forme d'attaques psychiques !

## Parlons d'énergie !

Lorsque nous parlons d'énergie, nous parlons aussi de l'invisible, quelque chose que nous ne voyons pas souvent, mais que nous ressentons différemment. Il est donc important de reconnaître nos différentes façons de percevoir les vibrations qui nous entourent et, de détecter leur impact sur nous à différents niveaux.

Une hygiène énergétique saine consiste à préserver son énergie, préserver sa maison intérieure et extérieure, et maintenir l'harmonie et l'équilibre. Protéger tous les espaces que nous « habitons » - y compris notre corps physique - afin que nous puissions nous épanouir, évoluer et nous développer.

Les chamanes reconnaissent que toutes les conditions de mauvaise santé physique, mentale et spirituelle sont essentiellement dues à des intrusions énergétiques.

Ces intrusions pénètrent par des « portails » dans nos corps énergétiques ouverts à cause de déséquilibres émotionnels et de modes de pensées et autres éléments. Des énergies et des entités négatives s'y attachent et y pénètrent, causant des dommages à plusieurs niveaux. Nous aborderons ce sujet un peu plus loin.

## Psychique ?!

Selon le dictionnaire, le mot « **psychique** » signifie « *qui concerne le plan mental, dans ses aspects conscients et/ou inconscients* ».

Le terme « attaque psychique » est une GRANDE généralisation pour nommer les nuisances énergétiques que nous pouvons subir. Ces nuisances et attaques ne proviennent pas seulement du plan mental, mais d'autres plans éthériques, astraux et plus encore. Elles ont un impact sur la santé mentale, émotionnelle et physique des personnes touchées, peuvent les éloigner de leur essence et de la Lumière.

En utilisant le terme « psychique », nous devons inclure toute forme d'attaques : pensée, émotion ou énergie « *touchant l'intégrité de la personne* » et entrant dans son espace intérieur pour causer le mal et utiliser son énergie vitale.

# Chapitre 2 : Lois cosmiques et attaques psychiques

Soyez conscient des lois cosmiques

# Les attaques psychiques respectent les Lois Cosmiques!

Les Lois Cosmiques ne sont pas une religion, elles sont :
- Des règles universelles qui vont au-delà du temps, et sont au-delà des règles terrestres,
- Des valeurs à incorporer,
- Une vision de la vie,
- Un chemin à emprunter afin de respecter la Vie, le Divin.

*Mais par-dessus tout, les Lois Cosmiques sont la description de l'énergie universelle, de la Vie et de son mouvement.*

Les Lois Cosmiques nous enseignent comment le monde fonctionne. Ils sont en quelque sorte les règles du jeu, ce jeu étant l'expérience de l'âme sur le plan matériel.

Lorsque nous subissons les « énergies négatives et les attaques psychiques », nous faisons toujours partie du jeu, c'est-à-dire que nous obéissons inconsciemment aux Lois Cosmiques, et les attaques psychiques à leur tour, respectent les Lois Cosmiques !

Dans les prochains paragraphes, je vous expliquerai quelles lois sont en jeu et comment notre « inconscience » nous nuit !

## 1.  La loi des polarités

L'un de nos mandats est d'expérimenter la vie avec polarité pour atteindre l'Union. Nous vivons dans un monde de dualité où il y a les 2 antipodes, le + et le -, le positif et le négatif, le bon et le mauvais, la paix et la violence, etc.

### Une danse fatigante

Pendant que nous sommes ici, nous devons faire des choix en tout temps, entre la vie et la mort, le bien et le mal. C'est une danse fatigante, mais essentielle ! Par exemple : croire que le gouvernement est bon ou mauvais est une pure illusion ; le gouvernement n'existe pas en tant que tel, c'est une idée, une fiction, un regroupement de personnes qui servent une idéologie, une mission, une tâche. Ces gens sont aussi habités par la dualité, comme vous et moi. Ils peuvent être « bons » ou « mauvais », ce sont leurs actions qui déterminent s'ils soutiennent la vie ou la mort.

*Clé de sagesse*
La dualité nous rappelle que rien n'est éternel et que tout peut changer à tout moment, alternant entre la Vie et la Mort. **La vigilance est donc la clé** que cette loi nous offre. Voici quelques pistes de réflexion :
- Vigilance intérieure, contemplation de la boussole intérieure et de l'extrémiste en soi :
    - Avec quel archétype est-ce que je fusionne aujourd'hui ? La victime ? Le bourreau ?
- Comment suis-je extrême dans mes pensées et mes actions ?
- Que dois-je faire aujourd'hui pour retourner à mon centre ?
    - Suis-je trop permissif et gentil ? Est-ce que mon attitude de « sauveur » attire les narcissiques ? Comment corriger ma posture intérieure ?
- Comment puis-je retrouver mon Essence ?
- Quelle direction les « autres » prennent ? Soutiennent-ils la vie ou la mort ? Le + ou le - ?
- Quel est l'impact de ces personnes sur moi et mon Univers ?
- Comment puis-je me protéger et protéger ceux dont je m'occupe ?
- Quel est le message caché de cette transformation pour moi ?
- Comment puis-je apporter équilibre et lumière à la situation ?
- Quelle valeur puis-je apporter à la table ?

## 2. La loi de l'Attachement

Nous nous incarnons sur le plan **matériel** et nous nous attachons donc à :
- Des choses matérielles (ou numériques, juste penser à FB, Netflix et TicToc !!) !
- Des personnes
- Des expériences et souvenirs
- Des émotions et modes de pensée
- Des identités et titres

Que cet attachement se fasse pour assurer la sécurité ou par habitude, il devient difficile de se détacher et de se diriger vers ce qui est inconnu et nouveau.

*Clé de sagesse*
Pour aller de l'avant, il faut un certain **courage, de la curiosité et un espace intérieur prêt à accueillir ce qui est nouveau et différent.**

*Les gens attendent parfois d'avoir un choc pour « se détacher » !*

Cette loi nous rappelle que l'attachement conduit à la stagnation, car il est contraire à la loi du mouvement.

*Cette loi nous offre la clé de la **libération**, du **détachement**.*

***Sur l'aspect énergétique***
Certains malaises psychiques sont causés par :
- L'attachement des âmes errantes aux personnes vivantes, même si elles sont mortes, ces âmes veulent encore ressentir et profiter un peu de la vie terrestre, alors elles s'attachent à leurs descendants, à des objets ou à des maisons.
- Notre propre attachement au passé, provoquant des traumatismes, des ruptures dans le champ énergétique et ouvrant l'espace aux nuisances psychiques
- Notre attachement aux Êtres chers, à l'argent, à un travail qui exige plus, etc, générant des pensées et des émotions avec de faibles vibrations et attirant donc des énergies similaires la loi de la correspondance:
    o Peur de perdre = Manque de confiance,
    o Cupidité = « Moi » d'abord = logique du manque,
    o Jalousie de ce que l'autre a = incapacité à faire la même chose, etc.

*Un attachement est basé sur le besoin, le manque, la peur, l'envie, la cupidité...*
*Connectez-vous à votre version supérieure, à votre âme et voyez avec ses yeux le monstre attaché que vous incarnez parfois.*

**Le caractère même des entités et d'autres nuisances psychologiques**
Le caractère même de certaines entités et autres nuisances psychiques est « **Attachement** », si la personne en souffre, il est essentiel de l'inviter à répondre à ces questions :
- A qui suis-je attaché ?
- Comment puis-je apporter plus de fluidité dans ma vie, dans mes corps énergétiques ?

# 3.   Un mot sur la Loi de la Résistance

*Plus nous résistons, plus nous nous attachons !*

Nous résistons aux parties en nous-mêmes ; ces parties veulent exprimer la colère, la joie, la tristesse, mais en résistant et en les repoussant, elles se cachent et commencent à utiliser leur propre pouvoir pour nous influencer à agir inconsciemment.

*Passez de la résistance à la collaboration. De la peur à la confiance...*

Notre première réaction pourrait être de résister aux attaques psychiques, mais que se passe-t-il si nous apprenons à les écouter, que nous disent-elles de nous-mêmes et du monde ?

Tout ce qui se passe est une leçon !

## 4. La loi de l'Attention/la Concentration et la loi de la Responsabilité

C'est l'alchimie qui donne une forme matérielle à une intention, une pensée. Plus les intentions et les pensées sont condensées, plus elles se matérialisent...
Nous sommes un être créatif avec le pouvoir de la manifestation, que ce soit pour le bien ou le mal.

### Clé de sagesse
Cette loi nous offre ces sagesses :
1. Nous avons la responsabilité de ce que nous pensons et créons et nous sommes donc responsables de créer des condensations d'énergie autour de : nous, les autres, les situations. Vous devez être conscient de votre place dans le monde, de votre rôle de Co-Créateur qui a un impact avec ses intentions, ses vibrations et ses mots sur ce qui se passe sur le monde.

2. Nous sommes également responsables de nos énergies ; nous pouvons nettoyer et désactiver ce que les autres projettent sur nous avec des décrets et rituels, à travers le nettoyage énergétique, etc.

3. Nous sommes responsables de nos modes de vie. Bien que nous ne puissions parfois pas déplacer ou changer l'environnement dans lequel nous vivons, nous pouvons mettre en œuvre de petits changements qui peuvent faire une grande différence :
    - Ne plus s'associer avec la « négativité » ou des gens jaloux

- Cultiver les moments de paix et de sérénité intérieures, pour être plus conscient des pensées ; la méditation et la contemplation peuvent aider.
- Apportez dans votre vie -et trouvez autour de vous- la beauté et la grâce. Activités qui peuvent aider : Ikébana (art japonais d'arranger des fleurs), danse, etc.
- La discipline ! L'élément clé de la concentration est la répétition et l'intensité, au lieu de les utiliser dans ce qui est négatif et ce qui attire la mort et le chaos, elles peuvent être développées pour maintenir le Chi, l'énergie et la vie. Certaines pratiques peuvent aider : arts martiaux, méditation.

***Un mot sur la loi de causalité***
Nous récoltons ce que nous semons, c'est la justice divine ! Cette loi est liée à la loi de la responsabilité.

## 5.   La loi du Libre-arbitre

La loi la moins respectée sur Terre !
Avez-vous essayé de convaincre quelqu'un, de le forcer à agir comme vous le souhaitez parce que VOUS en avez besoin ou que vous pensez que c'est la meilleure façon ? Nous tombons tous dans ce piège. Les parents et la société en général, au lieu de nous inspirer, nous forcent à être de vraies copies de ce qu'ils sont ou pensent être bon pour nous.

***Qu'est-ce que c'est exactement ?***
C'est la possibilité de décider quoi faire indépendamment de toute influence extérieure ! C'est-à-dire de laisser libre cours à l'âme.

Le Libre-arbitre c'est :
- Voir tous ses frères et sœurs sur un pied d'égalité,
- Comprendre que chacun est responsable de sa vie et de ses actes,
- Admettre que chaque âme a ses mandats selon un plan bien défini,
- Reconnaître l'aspect contrôlant, dominant et l'ombre qui existe en nous, et l'apprivoiser... à l'intérieur...
- Respecter la sagesse qui réside en toutes choses : les arbres décident d'eux-mêmes, nous sommes les envahisseurs, pas eux... Ils sont plus intelligents que les humains !
- Collaborer et non confronter, c'est négocier et non imposer...
- Apprendre à être en paix avec tout !

***Entités et libre arbitre***
Lorsqu'un client subit une attaque psychique, je dois d'abord comprendre par quelle porte cette attaque s'est produite ! Parce qu'en tant qu'âme, elle a accepté de vivre cette expérience pour apprendre (responsabilité de l'âme), et en tant que personne, elle a des portes ouvertes qu'elle doit fermer pour empêcher l'accès (responsabilité individuelle).

Certaines entités peuvent ne pas respecter la loi du libre arbitre et « frappent à nos portes inconscientes », mais en réalité elles attaquent les « parts sombres – en sommeil ou aspect caché de nous ». Ces parts ont en quelque sorte une fréquence similaire et les attirent. Si nous prenons conscience de cela, nous devons agir avec le Dieu/Déesse que nous sommes, pour les amener à quitter notre espace en donnant un ordre fort, puissant, sans équivoque, car rien ni personne ne peut violer votre souveraineté quand vous en êtes conscient.

## 6.   La loi de la Projection

Tout ce que nous voyons à l'extérieur est un miroir de notre intérieur, cette phrase me rappelle toujours le film Matrix, où nous sommes tous des nombres, c'est vrai ! Ceux qui nous entourent, ce que nous entendons, ce que nous voyons, ceux que nous rencontrons, sont là pour nous, ils forment ce tissu d'« information » que nous appelons Notre Réalité.
Certaines attaques psychiques sont des réalités auto-infligées, c'est-à-dire que les gens s'autoflagellent et se maudissent eux-mêmes : combien de fois j'entends les gens dire « Oh, je suis stupide, c'est de ma faute, je suis nul, etc. » Ce sont des couteaux tournés vers soi-même !
Les attaques les plus virulentes se produisent entre les membres d'une même famille ! Chacun projette ses souffrances et ses jugements sur l'autre au lieu de réfléchir à son propre comportement.

***Clé de sagesse***
Cette loi nous invite **à reconnaître l'aspect de l'autre en nous-mêmes.**
Avant de critiquer qui que ce soit.
- Si je considère qu'un politicien en particulier est manipulateur et menteur, comment est-ce que je joue ce rôle dans ma propre vie ?
  À qui est-ce que je mens ?
  Quelle partie de moi je cache ?

- Même chose pour les attaques psychiques, de quelle manière ou comment puis-je ressembler à cette entité qui m'attaque ? Quelle partie de moi cette entité reflète-t-elle ?

# Les lois cosmiques qui vous aident à faire face aux attaques

Pour tout travail spirituel sur les attaques ou les entités, vous pouvez faire appel aux lois cosmiques pour vous aider et vous guider, il ne s'agit pas simplement de les comprendre et de les assimiler, mais de les « INVOQUER » en tant qu'Êtres, Énergies à part entière.[1]

## L'acte d'intention

L'intention est de diriger nos pensées, nos désirs, nos actions vers un résultat que nous souhaitons atteindre. Pour respecter cette loi, nous devons reconnaître notre pouvoir de transformation et de création et être conscients de son impact. Avec votre intention, donnez de l'énergie à ce que vous souhaitez manifester : la paix, l'harmonie, la bonne santé, le succès, etc.

## Loi du mouvement

Le mouvement est la nature de l'humain, nos cellules, atomes, roches et pierres sont tous en mouvement, à des vitesses différentes ! Rien n'est stable pour toujours ! Quand il y a des émotions bloquées, appelez cette loi pour les laisser couler.

## Loi de la foi

La « foi », c'est croire que nous faisons partie d'un grand univers où tout a un sens. Ce n'est pas une croyance qui vient de l'esprit, mais un sentiment profond qui vient du cœur, c'est une forme d'énergie qui remplit tout l'être, ne laissant aucun espace vide ou confus.

*L'esprit et les pensées fortifient la foi ou la font taire.*

---

[1] Pour en savoir plus sur les lois cosmiques, voir Oracle des lois cosmiques sur www.coremagik.com

# Chapitre 3 : La bataille entre le Bien et le Mal ?

**Dans ce chapitre, assurez-vous d'être enraciné, centré, calme et rempli de lumière.**

Le but n'est pas de vous faire peur, mais de vous informer !

Si vous ne vous sentez pas prêt, faites appel à vos alliés/guides pour vous montrer les sections que vous avez à lire, ou allez directement aux techniques d'autodéfense. Vous pouvez également montrer cette section à votre thérapeute ou à votre travailleur d'énergie pour en parler.

L'abus de pouvoir ne se limite pas aux Êtres humains, mais peut également inclure des Êtres dans d'autres domaines de l'existence : je veux parler de l'évolution de la terre et de la façon dont il y a des Êtres célestes qui veulent nous aider à évoluer vers le prochain niveau de conscience et d'autres Êtres qui voudraient nous garder à un niveau inférieur de conscience et sous contrôle.

*Les Êtres célestes qui aident à l'évolution spirituelle nous avertissent des attaques et nous aident à les arrêter.*

Vous devez faire très attention aux Êtres célestes en qui vous avez confiance, demander à travailler avec des Êtres compatissants et puissants, hautement évolués. Aussi, un bon test est de demander à l'être céleste que vous rencontrez s'il **est de Dieu ou de la Lumière divine.** S'il hésite à répondre qu'il est de Dieu ou que ça forme change, vous devriez éviter de travailler avec lui, car il n'a pas votre plus grand bien comme but.

Il y a des Êtres avec une faible fréquence vibratoire qui sont très négatifs et qui cherchent à voir comment accéder à votre champ d'énergie. Il s'agit de prendre le contrôle de l'âme, c'est ce qu'ils veulent et s'ils capturent une âme à haute fréquence, ils peuvent la corrompre. Cela est déjà arrivé à certaines des personnes connues dans le domaine spirituel.

Les personnes capables d'affecter le champ énergétique humain peuvent abuser de ces capacités. Il existe des dispositifs psychiques tels que les « Formes de Pensée », les « dispositifs et implants » qui sont utilisés pour nuire à la cible. Il existe des dispositifs qui peuvent empêcher une personne d'évoluer en la maintenant dans une vibration plus faible. Commençons à explorer ces Êtres plus en profondeur :

# Êtres négatifs

Il existe de nombreux types d'Êtres négatifs et ils essaient d'arrêter notre développement spirituel à travers un contrôle qui peut s'étendre sur de nombreuses incarnations et peut avoir un effet significatif sur nos vies actuellement.

## Les personnes négatives vivantes[2]

Nous venons avec un bagage de souvenirs terrestres et célestes qui comprend des leçons de vie à vivre, des chocs et des traumatismes à surmonter et des outils pour nous aider à marcher sur Terre. Nous avons également des formes de pensées, de croyances et d'émotions qui créent notre fil de la réalité, c'est-à-dire qu'elles nous permettent de construire une base d'informations qui nous aidera à prendre des décisions. Ce fil (web) fonctionne à la base des lois cosmiques et de la logique/mathématique universelle.

L'histoire nous a montré que les humains peuvent infliger un traitement horrible à d'autres humains. En se déconnectant de l'empathie et de la compassion, ils peuvent tuer une autre personne, parce qu'ils « croient que c'est pour le bien », ils s'accordent le droit de « punir les autres et donc d'appliquer la justice ».

L'Ombre et la Lumière existent en chacun de nous et trouvent leur origine dans ce Virus qui a été instillé dans le cœur des Hommes. Le choix entre le Bien et le Mal est constant pour les Hommes. C'est un combat quotidien.

**Nous avons un pouvoir immense, mais nous devons l'utiliser avec Sagesse, Amour et Grâce. Si ces facteurs sont absents de la Formule Logique du « Fil de la Réalité », les Hommes peuvent créer le Chaos pour eux-mêmes et tout ce qu'ils touchent.**

Les gens dans la profession de guérison peuvent penser qu'ils sont vraiment dans la Lumière, mais sont souvent contrôlés par des groupes négatifs. C'est pour cette raison que je (Ouassima Issrae) suis assez prudente et vigilante quand il s'agit d'écouter certains enseignements. Je dois toujours venir à mon cœur et voir comment je vibre quand j'entends la personne et ses enseignements : « Est-ce que ça résonne en moi ? ». Le discours doit sonner juste vrai et me sembler comme évident. Plusieurs enseignements sonnent faux pour moi, génèrent le chaos et vont contre les lois Cosmiques, je dois

---

[2] Pour plus d'informations, reportez-vous à la section : Attaques psychiques par des personnes vivantes

faire confiance à cette « intuition/émotion » même si ces enseignements sont grandement appréciés par la majorité.

## Entités négatives

Beaucoup d'influences négatives remontent à l'Atlantide où plusieurs entités ont été placées pour empêcher l'humanité d'évoluer. Ce qu'ils ont fait, c'est enfermer les gens dans un cadre énergétique qui est maintenu en place depuis de nombreuses générations. Cela arrête leur évolution. De temps en temps, lorsque les gens ont l'occasion de sortir de cette coquille, des craintes surgissent. C'est la peur de sortir de cette coquille qui active ces Êtres qui érigent alors une barrière d'énergie et ils commencent à envoyer de l'énergie interprétée comme étant négative envers ce que vous entendez ou faites.

Comment pouvons-nous nous débarrasser de ces choses ? Chaque fois que vous avez une séance de guérison, vous brisez la coquille et les Êtres à l'intérieur deviennent de plus en plus désespérés ! On en parlera un peu plus dans les prochaines sections.

## Élite de la 4ᵉ Dimension

Une des formes particulièrement puissantes des Êtres de la 4ème Dimension; ils sont capables d'utiliser le pouvoir pour se manifester pour leur propre avancement plutôt que d'aider tout le monde. Ces Êtres sont capables de contrôler d'autres Êtres de 4$^e$ Dimension en utilisant leur libre arbitre et la manipulation. Ces Êtres ont souvent un égo très fort et une haute opinion d'eux-mêmes.

## Êtres de l'ombre et êtres astraux

Les êtres de l'ombre et les êtres astraux peuvent être utilisés pour attaquer une personne. Les êtres de l'ombre et les êtres astraux sont différents :

- Les Êtres de l'ombre ont une influence très négative dans le monde ; ils sont spécifiquement conçus pour mettre en œuvre le mal. Ils sont associés à Satan et aux basses fréquences. Ils sont assez denses et peuvent apparaître comme des personnes à moins que vous ne regardiez attentivement. Heureusement, vous ne voyez pas souvent ces êtres ! Ils sont spécifiquement utilisés pour créer la destruction et ont de mauvaises influences.
- Les Êtres astraux sont très différents, ils ne sont pas aussi négatifs ou denses ; ils sont plus espiègles et ne sont pas aussi destructeurs. Ils peuvent placer des choses négatives, mais il n'y a pas de « mal » associé à ces êtres.

Au fur et à mesure que la vibration de la terre augmente, il devient de plus en plus difficile pour le mal de pénétrer dans certaines zones, cependant, il y a encore des zones qui sont très denses. C'est une bonne idée de s'assurer que notre vibration est élevée et de vérifier avant d'aller dans certaines zones, nous devrions essayer d'éviter ces zones si nous ne pouvons pas nous protéger.

## Les êtres à Vision à distances

Il existe plusieurs types d'Êtres qui nous observent. Nous les classons comme des « téléspectateurs » à distance parce que leur intention est d'observer ce qui se passe et de trouver des moyens d'influencer la personne ou un groupe de personnes. C'est ainsi qu'ils planifient leur attaque ; les Reptiliens recherchent des personnes dont ils aimeraient contrôler l'essence.

Il existe d'autres Êtres vibratoires plus élevés qui peuvent vous aider à supprimer ces Êtres et la façon de vous en débarrasser est d'appeler vos alliés pour obtenir de l'aide. Une autre façon d'arrêter cet espionnage à distance est d'inonder votre système énergétique de lumière blanche et de rayons de la Dimension ultime.

Un type d'être qui est très doué pour enlever ces Êtres sont les licornes parce que leur vibration est très élevée. Cependant, tout le monde ne peut pas travailler avec les licornes, car cela dépend de la fréquence vibratoire et l'Essence de chacun.

## Les petits êtres

Il existe une autre forme d'ET qui vivent dans des nids et peuvent envoyer des pensées négatives. Ils s'enfuient dans divers endroits du corps et vous pouvez les apporter avec vous des vies antérieures. Ils sont activés lorsque nous atteignons un certain point de notre évolution.[3]

Dans l'histoire passée du monde, nous avons -4 ou 5 fois- détruit une civilisation. Chacune de ces fois, nous avons atteint un haut niveau technologique, puis nous nous sommes pratiquement tués. Depuis la dernière destruction, au cours de chaque vie, nous sommes devenus de plus en plus manipulateurs et égocentriques et pendant cette période, nous avons permis à des Êtres négatifs de s'attacher à nous. Dans les vies suivantes, nous avons ramené ces extraterrestres comme une sorte de karma, parce qu'il y avait encore une leçon à apprendre. La plupart d'entre nous en ont subi les conséquences et y travaillent encore dans cette vie. Ces

---

[3] Extraterrestres

Êtres deviennent de plus en plus perceptibles parce que nous revenons à une fréquence vibratoire élevée et que nous devons faire le choix d'évoluer ou de nous détruire.

Ces petits Êtres ne sont pas de cette galaxie, mais ils ont été utilisés efficacement dans d'autres galaxies et parce qu'il se passe tellement de choses dans notre galaxie en ce moment avec cette planète, ils sont amenés par le côté obscur pour empêcher la lumière d'entrer. Ce sont des alliés/guides des reptiliens. Parce qu'ils sont si petits, ils peuvent pénétrer dans des endroits que d'autres influences négatives telles que les poignards ne peuvent pas atteindre. Ces choses ne causent pas d'inconfort jusqu'à ce qu'elles se soient établies chez la personne et que la personne atteigne une fréquence où elles sont déclenchées.

Lorsque les gens deviennent déprimés, ils commencent à penser négativement aux autres, pas nécessairement pour les blesser, mais ces petits Êtres peuvent le remarquer et l'utiliser comme un moyen d'atteindre les gens. Ils communiquent par énergie négative. Leurs armes préférées sont de petites graines qui sont plantées dans le corps, une fois mûres, elles peuvent affecter la personne de diverses manières négatives et peuvent attirer d'autres énergies négatives.

## Êtres serpents

Les Êtres serpents sont un type d'être d'énergie extraterrestre à faible vibration qui se cache dans le système énergétique d'une personne et fait baisser sa vibration énergétique. Quand je (Maggie) vois les Êtres serpents, ils s'ancrent souvent dans le chakra racine et ils s'enroulent dans une spirale à l'intérieur de la personne. Il faut beaucoup d'efforts pour les faire sortir, car l'idée est qu'ils ferment la personne en ne lui permettant pas de s'exprimer. Certains de ces Êtres serpents sont avec la personne depuis longtemps et sont venus de vies passées. Ils commencent comme minuscules et deviennent de plus en plus grands. Il y a des Êtres négatifs qui peuvent les placer dans le corps. Les Êtres serpents ciblent le système des chakras, mais ils peuvent également utiliser le liquide céphalorachidien pour influencer différentes parties du corps. Une fois qu'ils sont à l'aise dans le corps, ils peuvent simplement se recroqueviller, y rester et ne rien faire jusqu'à ce que quelque chose les déclenche, ce qui leur permet de grandir.

Mon expérience (Chris) avec un être serpent a été quand Maggie m'a jeté un coup d'œil rapide lors d'une séance de guérison, et elle a pu voir au fond de ma gorge quelque chose qui me bloquait de parler et qui ressemblait à un serpent. Quand elle a regardé de près, le serpent était conscient d'être vu et s'est déplacée dans le corps. Il était ancré dans le chakra racine.

L'objectif de l'être serpent était de faire baisser ma vibration et de m'empêcher de partager ce que je sais.

Nous avons rencontré un type différent de serpent chez un client qui avait des problèmes de gorge. Ce que nous avons trouvé était un serpent qui avait 2 têtes. Une tête était dans sa gorge et l'autre dans son système digestif. Celui dans sa gorge l'empêchait de s'exprimer et celui de son système digestif l'empêchait d'assimiler l'information.

Je (Ouassima Issrae) vois ces serpents lorsqu'ils se logent dans certains organes, et beaucoup au niveau des pieds, ce qui diminue l'énergie vitale du client et le coupe de l'énergie de la Terre/vie terrestre.

## Les parasites énergétiques

Les parasites énergétiques sont des entités énergétiques qui peuvent être envoyées contre vous « attachés » à quelque chose d'autre. Ils peuvent endommager la structure du système énergétique. Le parasite fait un tour sur un autre élément énergétique tel qu'une forme de pensée et n'est pas inséré directement dans le champ d'énergie d'une personne.

Vous pouvez les supprimer en les enfermant complètement dans La Lumière / Rayons Or.

## Les êtres négatifs Reptiliens

Il y a un groupe d'Êtres très négatifs qui ont l'intention de détruire ou d'utiliser des Êtres humains et qui sont dans cette Dimension depuis longtemps. Nous avons d'abord été mis au courant de ces êtres par Christopher Macklin qui dirige le Global Enlightenment Project. Ces Êtres ont la capacité de se cacher dans les corps énergétiques des gens et peuvent affecter leurs pensées et leurs actions. Au début, j'avais (Chris) du mal à croire que ces choses pouvaient exister, mais pendant les séances de guérison, nous en avons trouvé beaucoup chez nos clients dès lors que nous savions quoi chercher. Le client peut ou non savoir que ces Êtres sont ancrés en eux. Ces Êtres Reptiliens ressemblent beaucoup à de la fiction fantastique, mais d'après notre expérience, ils sont très réels. Certaines des informations suivantes proviennent de sources non vérifiées, mais nous pensons qu'elles sont factuelles.

Ce groupe d'Êtres extraterrestres comprend les Reptiliens, les Draconiens, les Lucifériens et les Annunaki. La description suivante de textes cunéiformes trouvés sur des plaques d'argile en Mésopotamie nous parle d'une race extraterrestre, appelée les Annunaki, qui est venue de l'espace pour exploiter notre planète. Grâce à la manipulation génétique, ils ont créé des humains modernes à partir de formes de vie terrestres existantes pour servir d'esclaves. Ils ont physiquement quitté notre planète il y a des millénaires, mais leur influence et leur contrôle sur l'humanité sont toujours omniprésents et importants.

Les Annunaki ont maintenu une surveillance invisible sur nous ainsi qu'un contrôle sur le développement de l'humanité, fixant des limites à notre évolution et freinant notre développement par des manipulations et des catastrophes, y compris le déluge immortalisé dans la Bible, le Coran et de nombreux autres mythes anciens.

## Êtres reptiliens[4]

Les Reptiliens sont également connus sous le nom de Reptoïdes, Dinosoïdes, Vrill et Hommes Lézards. Dans le passé, ils étaient connus sous le nom de dieux (dieux serpents/reptiliens), et également connus sous le nom de Nagas, Les Lucifers et bien d'autres noms. Ils sont présents tout au long de l'histoire humaine. Ils prévoient de garder la Terre sous leur contrôle jusqu'à ce que leurs alliés/guides (les Annunaki) reviennent. Les Reptiliens et les Draconiens exploitent la peur comme source de « nourriture ».[5]

Les Êtres Reptiliens sont des extraterrestres qui n'ont pas toujours votre meilleur intérêt à l'esprit et qui essaient de vous contrôler. Ils voyagent sur Terre dans des vaisseaux spatiaux et travaillent souvent avec un groupe de personnes qu'ils peuvent contrôler. Ils peuvent aussi vivre dans des zones souterraines, car physiquement ils ont besoin d'une atmosphère différente de la nôtre. Ils viennent d'une autre planète qui a une atmosphère différente de la nôtre, et le niveau d'oxygène est trop élevé sur Terre et ils doivent donc aller sous terre.

Physiquement, les Reptiliens sont très grands et effrayants à regarder. Ils utilisent leur apparence pour l'intimidation afin d'effrayer les gens et les pousser à faire ce qu'ils veulent. Ils ne se préoccupent de personne et ils captureront ces gens s'ils le peuvent.

Ils ont également la capacité d'entrer énergétiquement dans le champ énergétique humain et se trouvent souvent autour des épaules où ils peuvent murmurer des pensées à la personne ou dans les intestins qui ont souvent une vibration plus faible.

Il y a des Reptiliens qui sont du côté de la Lumière, mais la majorité de ceux qui sont ici ne le sont pas, et leur objectif est d'éliminer la race humaine

---

[4] Pour en savoir plus sur vos origines cosmiques, consultez le programme : Voyage vers les étoiles II

[5]Remarque : Certains Êtres Serpentins tels que les Êtres Cobras sont au service de la Lumière.

quand ils n'auront plus besoin d'elle. Pour le moment, nous leur sommes utiles, mais nous ne leur serons pas utiles beaucoup plus longtemps à moins que les choses ne se retournent.

Plus une personne est capable de se défendre énergétiquement, plus les Reptiliens se réunissent en groupes pour l'empêcher d'élever sa vibration. Une fois que la personne a élevé suffisamment sa vibration, ils ne peuvent plus la toucher.

Tous ces Êtres négatifs utilisent la visualisation à distance, car c'est une de leurs capacités.

## Les Draconiens

Les Draconiens sont une autre forme d'Être reptilien qui vient d'une planète différente. Ils sont de la $4^e$ Dimension et ne sont que des Êtres d'énergie dans cette Dimension. Ils ont tendance à s'accrocher énergétiquement aux personnes et ont une forme de projection énergétique.

Ils peuvent se regrouper en grand nombre et laissent souvent des fractales d'eux-mêmes lorsqu'ils sont enlevés. Lorsque vous vous en débarrassez, vous devez le faire énergiquement et vous assurer que TOUT est enlevé. Ils sont dangereux de différentes manières plus que les reptiliens, car ils n'utilisent pas l'intimidation, leur approche est d'envoyer des pensées négatives et vous ne réalisez pas que ces pensées ne sont pas les vôtres.

Ils ont tendance à s'accrocher autour de la tête et des épaules où ils peuvent diriger l'information. Parfois, ils disent à la personne qu'elle a des problèmes avec son système digestif alors qu'elle n'en a pas en raison de la vibration plus faible dans cette zone. Les intestins sont une zone où ils peuvent se rassembler.

## Luciférions

Ce sont un type différent de Reptiliens et ils s'attachent également aux personnes. Ils viennent d'une autre planète qui n'est pas dans notre système solaire. On dit qu'ils sont associés au diable et sont souvent associés à des rituels sataniques. Ils peuvent s'attacher à n'importe quelle partie du corps qui a une faible vibration due à une maladie ou à des dommages physiques ou énergétiques. La faiblesse semble les attirer.

Tous ces Êtres vivent sur terre et nous utilisent. Certains sont physiquement ici et d'autres sont ici énergétiquement. Ils essaient littéralement de prendre le contrôle de la planète et c'est leur seul objectif, mais ils ne peuvent pas le faire tant que notre vibration est élevée, ils doivent donc abaisser notre vibration. Ils le font par divers moyens :

- Les rituels sataniques,
- Attirer les gens à faire des actes horribles avec des enfants ou des animaux,
- Interférer avec l'essence de notre nourriture par le biais d'OGM et d'additifs.
- Corrompre les gens en position de pouvoir et les contrôler

Ils sont rarement visibles et vivent physiquement sous terre. Un thème commun est qu'ils essaient de séparer la personne de Dieu en lui faisant perdre confiance en ce qui est plus grand et à nier son essence divine.

Comme le royaume angélique, différents Reptiliens opèrent à différentes fréquences et les personnes interagissent avec eux à la fréquence avec laquelle ils résonnent. Par ce moyen, les personnes peuvent avoir une expérience différente avec la même classe d'Être.

# Les Êtres bienveillants et compatissants sont là aussi

Il y a beaucoup d'Êtres d'autres Dimensions qui sont disponibles pour aider si on leur demande. Les Êtres à haute vibration ne peuvent aider que si nous leur demandons de le faire et sommes prêts à recevoir du soutien.

Nous avons interagi avec plusieurs Êtres et esprits tels que des ancêtres, des dragons, des licornes et d'autres Médecins du Ciel qui ont tous pu nous aider lorsque nous avons demandé un type particulier d'aide. Il est important de ne travailler qu'avec des Êtres à haute vibration, parce que les Êtres les plus sombres peuvent essayer de vous tromper, alors demandez à n'être soutenus que par des Êtres compatissants et bienveillants.

Nous avons trouvé les Êtres Dragons particulièrement utiles pour nous protéger contre les Êtres négatifs dans notre champ d'énergie et pour nous fournir une protection solide, mais pour en savoir plus, je vous invite à lire les prochaines sections.

Dessin par Chris De-Combe

# Et la source de toutes choses

Il est également important de se rappeler que la Source de toutes choses est toujours là pour nous soutenir et nous protéger. Avant la naissance de l'ombre et de la lumière, il y a le Un, la source de toutes choses incluant le +, et le -. Cette source imagine et crée ces mondes dans lesquels nous vivons. C'est à cette Source que nous nous connectons, elle vient avant Tout, c'est le silence et le vide, c'est le « avant » matière.

Nous devons dire que chaque protection engendre une attaque, chaque pensée engendre une action, chaque mouvement et action a une conséquence qui nous reviendra par la suite.

Cependant, en retrouvons le « Néant », le Vide : le centre du Tout, nous nous élevons au-dessus de la dualité.

Oui, nous sommes invités à nous protéger dans cette réalité de dualité, mais en même temps à rechercher l'unité, à accroître notre conscience des portes que nous ouvrons et qui nous rendent vulnérables.

*Nous devons reconnaître que tout cela n'est qu'un jeu de « manifestation ». C'est une pièce de théâtre.*

La vulnérabilité vient de nos croyances basées sur la « séparation », de notre amnésie ; en effet, nous avons oublié nos pouvoirs, et un grand pouvoir que nous avons réside dans notre capacité à imaginer, créer et manifester.

*Reprenons nos pouvoirs...*

*Rappelons-nous que nous sommes l'Unité, le Un*

*Sous la Loi de la Grâce, la Loi de l'Amour, la Loi de la Lumière,*

*Concentrons-nous sur la Source de Tout...*

*C'est l'Ultime Pouvoir*

*L'Ultime Protection, car là aucune protection n'est plus.*

*Il n'y a qu'union,*

*Nothingness – le vide.*

# Chapitre 4 : 16 types d'attaques psychiques

Pour ceux qui cherchent à comprendre

# Qu'est-ce que « l'attaque psychique » ?

Parmi les clients que nous rencontrons, certains portent des attaques et des sorts qui leur ont été transmis même de génération en génération ou qui y ont été soumis au cours de cette vie. Ils en souffrent et voient leur vie passer devant eux sans pouvoir en profiter pleinement, sans pouvoir se sentir en paix et en joie. Mais un jour, ils prennent conscience qu'il y a un aspect plus mystique et mystérieux dans leur situation qui dépasse la logique et la norme, c'est à ce moment-là qu'ils prennent la décision de nous rencontrer ou d'apprendre avec nous. Ils ont le désir de découvrir le monde de l'invisible et de vivre « autre chose », de se sentir plus libre. Nous les aidons à trouver un sens aux souffrances qu'ils ont vécues, à retrouver leur pouvoir et à se reconnecter avec la force et le Dieu et la Déesse qui les habitent.

Notre but ici est de vous fournir des informations qui peuvent vous aider à identifier les causes de l'inconfort mais ce n'est pas pour vous effrayer par rapport à ce thème, nous souhaitons partager avec vous notre expérience et notre vision en souhaitant qu'elles apportent des connaissances et des stratégies qui peuvent vous aider dans ces situations. Sachez aussi que cela ne constitue pas une vérité ultime, mais une interprétation de la réalité parmi d'autres.

# La Malédiction

Selon le dictionnaire Larousse, les malédictions :
- Sont « des mots par lesquels on souhaite un destin nuisible à quelqu'un : la malédiction paternelle ».
- Sont une « condamnation au malheur qui semble venir d'une puissance supérieure : attirer par ses actions la malédiction divine ».
- Sont un « destin hostile, malheur, malchance auquel on semble condamné par le destin ».

*Ma définition*
La malédiction est un ensemble de vibrations énergétiques qui ont l'intention de faire du mal, punir ou contrôler la personne. Ces vibrations peuvent être générées intentionnellement par un rituel par exemple, ou inconsciemment par la personne, car elle dit des mots dont elle ne connaît pas l'effet.

*Ces vibrations sont envoyées par la pensée + la parole + certaines émotions comme la jalousie et la haine.*

*Des malédictions peuvent être infligées à des personnes, des tribus, des groupes et même des pays et des générations entières.*

On peut aussi s'infliger des malédictions les uns aux autres par le biais de schémas de pensée et de mots répétitifs, et enfin on peut jeter des malédictions sur les autres, en cas de vengeance, de non-pardon, etc.

Voici quelques éléments que j'ai appris sur les malédictions :

- Il y a des conséquences, c'est-à-dire que la personne qui les envoie consciemment ou inconsciemment subira également le mal dans sa propre vie.
- Celui qui envoie la malédiction vit dans la souffrance et le drame, il agit comme un poison, au lieu de transmettre la vie, il transmet la mort et la destruction, il vaut mieux rester à l'écart de ces gens même si c'est de la famille !

Les malédictions se forment et sont « jetées » régulièrement et fréquemment entre les gens : il n'est pas nécessaire de faire des rituels, les mauvaises pensées envoyées à une personne à plusieurs reprises sont une forme de malédiction!
Rester dans le « Drame » est une malédiction pour soi-même. Voir le côté vide du verre, douter de soi et des autres, la suspicion, la colère, sont autant de malédictions que les gens s'infligent à eux-mêmes !

J'entends parfois parler de la malédiction « divine », c'est un Grand sujet, mais voici ma vérité : Le grand Créateur/grande Créatrice, l'étincelle de la création, n'est qu'amour et expansion, un amour que nous ne pouvons pas saisir avec notre mental, cet amour est différent de l'amour terrestre. L'amour divin est un état de grâce pure, une Union. Peu importe le nom qu'on donne à ce Créateur / cette Créatrice, Univers ou Énergie de la Vie Divine, elle/il vise à maintenir la Vie, à poursuivre son cycle jusqu'à ce qu'elle/il retrouve l'état de grâce, l'état de silence, de vide, où tout est harmonie. Un.

Les malédictions « divines » sont en réalité une pure incompréhension des lois cosmiques. Par exemple, la Loi de la responsabilité nous rappelle que tout ce que nous pensons ou faisons a un impact sur notre vie et celle des autres. Oublier cette vérité implique d'agir sans penser aux conséquences et sans remettre en question ce qui crée par la suite le Chaos.

« Le changement climatique, les tempêtes, les tsunamis et les tremblements de terre » ont longtemps été considérés comme des malédictions, mais si nous voyons l'effet de nos propres actions sur l'environnement : utiliser des emballages inutiles et non recyclables, l'obsolescence programmée, les vêtements jetés à la mer, l'extraction - par les enfants - de cristaux que nous utilisons pour la guérison (drôle à dire !), régner sur les pays par la peur et la colère, etc. Ce sont des malédictions que NOUS infligeons à la nature et à la Terre. Est-ce une punition?
Les tremblements de terre ne sont pas une malédiction, mais peuvent aussi être un évènement naturel indépendant de nous ! Ou au contraire une conséquence de notre temps, de notre système de vie et un signal de grands changements pour l'humanité !
Croire que les évènements naturels sont des malédictions ou des punitions « divines », c'est penser que nous sommes encore dans la hiérarchie ou le règne religieux où il y a le père et l'enfant, Dieu et le pécheur, c'est croire que nous sommes encore des enfants indignes de penser par nous-mêmes, ou de prendre leurs responsabilités. C'est attendre que le rappel vienne de

l'extérieur, de quelqu'un d'autre pour que nous revenions sur le
« chemin » !
Cette façon de penser place aussi l'humain au centre de Tout, tout est « à, pour, à cause » de lui, mais que se passe-t-il si les humains ne sont qu'une partie du cycle, porteurs de vie comme les animaux et les insectes ? Est-ce que la Terre aura des tremblements ou non ?

**Je choisis** de les voir comme des signes d'amour qui nous réveillent et essaient de rétablir l'harmonie. Les tremblements de terre peuvent être entre autres des décharges d'énergie exprimés par la Terre qui fait de son mieux … La terre nous porte et témoigne de notre « course impossible et inconsciente vers la croissance économique ». Ces évènements peuvent être un résultat d'un changement de vibration, de la dimension du Temps, etc.

Il est temps pour les humains de grandir.
Votre réalité dépend de votre regard du monde,
Votre regard du monde dépend de votre éducation, de votre Nature profonde, de votre Essence…

Voici quelques signes de présence de malédiction :

- Répétition des mêmes scénarios ancestraux
- Défaites et soucis matériels constants sans explication logique
- Maladie sans origine logique même après une exploration scientifique approfondie
- Rêves : rêver d'être poursuivi par exemple par des chiens ou autres, etc.

## Les Sorts

La définition selon le dictionnaire du mot sort est la suivante : « les sorts sont des mots parlés que l'on pense avoir un pouvoir magique, ou (la condition d'être sous) l'influence ou le contrôle de tels mots ».

*Un sort peut affecter le destin d'une personne.*

Le « destin » est défini par le dictionnaire comme un « pouvoir surnaturel qui est censé fixer le cours des évènements dont la cause n'est pas déterminée : le destin en a décidé autrement. » ; « **Situation qui revient finalement à quelqu'un, à quelque chose ; prévus** » ; « **Effet maléfique**, affectant un être vivant ou une chose, parfois attribué à des pratiques de sorcellerie : un **sort** avait été jeté sur lui. »

Maintenant, voici ma définition (OI[6]) :

- Un sort est une intention condensée et concentrée qui la rend proche de la réalisation, du plan matériel.
- Un sort n'est ni bon ni mauvais, il est neutre, c'est l'intention qui le sous-tend qui définit s'il est bon ou mauvais.

Pour faire un sort, nous appelons certains Êtres à nourrir notre intention avec « puissance » et à nous aider à manifester l'intention rapidement ; nous pouvons également utiliser des rituels, des moments spécifiques du mois ou de l'année ainsi que des objets pour leurs symbolismes ou pouvoirs pour amplifier l'intention par exemple.

À mon avis, un sort est fait intentionnellement, **il est délibéré et planifié**, seul ou en groupe, pour des raisons personnelles, spirituelles ou pour répondre à la demande d'autres personnes.
Les sorts peuvent être appliqués à une situation, à un individu, à un lieu, à un ensemble de personnes, etc.

Certains sorts sont mauvais, ils ont des intentions de destruction et de chaos, ils se perpétuent de génération en génération. Cela dit, nous assistons actuellement à un soutien incroyable du monde des esprits, des

---

[6] Ouassima Issrae

ancêtres bienveillants et des anges pour les briser, afin de nous aider à vivre avec liberté et en harmonie dans la nouvelle vibration.

Notes :

- Il est parfois nécessaire de demander l'aide de certains praticiens pour effectuer ce travail.
- Il est également possible de « subir » des sorts avec la loi « Cause et Effet » par exemple, lorsque vous entrez dans un endroit où vous n'êtes pas autorisé, vous pourriez recevoir un sort « automatique », alors soyez conscient de vos actions et marchez sur terre avec la loi de la Grâce.

Voici quelques signes qui indiquent que vous êtes victime des sorts :

- Douleur physique,
- Fatigue,
- Insomnie,
- Émotions de peur, d'anxiété sans raison,
- Sentir une présence,
- Ne plus être Maître de sa vie,
- Ne pas être dans son état normal, etc.

# Les Implants

J'ai longtemps hésité à parler d'implants énergétiques même si j'y travaille avec mes alliés/guides depuis quelques années. Il est clair que nous devons maintenant sensibiliser les gens à cela, car à mesure que nous changeons de vibrations, notre perception s'élargit et les concepts évoluent : nous touchons plus étroitement de nouvelles vérités sur qui nous sommes, sur la vie et ce qui nous entoure.

### *Que sont les implants énergétiques/éthériques ?*
Selon le dictionnaire : un implant est un « élément (dispositif, ou élément contenant un médicament, une prothèse, un organe ou un tissu greffé, etc.) introduit dans l'organisme depuis longtemps, afin de remplacer un organe, de compléter une fonction ou de traiter une maladie ». (Larousse)

Les implants éthériques sont dans notre pratique thérapeutique des éléments et des dispositifs technologiques très avancés, parfois des organes vivants, des Êtres introduits dans l'organisme humain pendant une certaine durée. L'objectif est différent pour chaque implant, beaucoup sont négatifs et certains sont positifs.

### *Implants/dispositifs positifs*
Les implants positifs sont mis en place par les médecins célestes, les maîtres ascensionnés en collaboration avec notre âme pour améliorer/mettre à jour un organe, un chakra ou un pouvoir personnel ; cette technique est utilisée pour permettre certaines fonctions et aider à la transition vers le corps de lumière (un corps physique qui contient plus de lumière et capable de vivre concrètement à une vibration élevée sans l'endommager).
Ces dispositifs amplifient le travail que les travailleurs de lumière doivent faire. Par exemple, je les vois souvent au 3$^e$ chakra, au niveau des yeux pour ceux qui travaillent dans l'énergie, d'autres sont au niveau du cœur pour aider à son expansion en sécurité, etc. Ces appareils ne durent pas longtemps et leur rôle est de soutenir et non de contrôler ou de prendre possession.

*Lorsque nous travaillons avec une équipe de lumière et des guides, nous savons exactement la différence entre les implants négatifs et positifs et quand les retirer ou les laisser.*

*Implants/dispositifs négatifs*
Les implants négatifs sont introduits dans le corps éthérique humain pour diverses raisons, certaines dans le but de contrôler ou de limiter la race humaine et certains individus en particulier (les Êtres Étoiles par exemple). Ces implants ont leur propre agenda et agissent sur le plan mental en insérant des programmes de pensée négative, sur le plan émotionnel en éveillant des émotions intenses difficiles à transmuter, et certains implants organiques-technologiques se nourrissent de l'énergie/lumière de la personne qui réduit l'énergie vitale et influence ainsi la santé du corps physique.

*Ils diminuent l'énergie vitale de la personne, le taux vibratoire et réduisent son potentiel.*

A travers ma pratique, j'aide les personnes en compagnie de mes alliés/guides, à désactiver ces implants pour retrouver l'énergie vitale, une vision claire et la sagesse intérieure.

Ceux que je rencontre ont souvent des implants éthériques qui sont situés à des endroits d'énergie importants ou à proximité des chakras, par exemple :

- Au niveau de la gorge et de la nuque, à ce moment-là le client ne parvient pas à exprimer sa vérité, s'exprime avec difficulté, a le chemin coupé, ne parvient pas à trouver sa place, se sent coupé des autres, etc. Au niveau physique : la personne a une voix coupée, des troubles physiques dans la gorge, des ganglions lymphatiques, des troubles thyroïdiens, etc.

- Au niveau des organes sexuels : c'est l'un des endroits les plus fréquents où je trouve des implants pour hommes et femmes, le chakra sacré est un chakra de grande puissance et dont nous ne connaissons pas pleinement l'étendue, nous l'explorons à travers la kundalini, mais ce n'est qu'une partie de celui-ci, c'est le lieu où nous générons et transmettons la vie. À travers les implants, des obstructions à l'énergie ont lieu, la personne se sent coupée de la Terre, des autres, se laisse dominer par les autres, par les évènements, oubliant son pouvoir, sans parler des troubles physiques dans ce lieu, des souvenirs et des émotions qui peuvent revenir dans les relations intimes. Au niveau physique : des difficultés au niveau sexuel, des allergies, une sensation de fermeture, un trouble au niveau des ovaires, des inflammations, etc.

- Au niveau de la colonne vertébrale et de la tête : les implants limitent le fluide de la vie, bloquent le fonctionnement énergétique, la personne se sent vide, manque d'énergie dans la partie inférieure du corps, a la tête dans les nuages, a des pensées répétitives négatives, très limitantes et même noires, elle ne ressent pas d'amour ou de plaisir à vivre, se sent coupé du monde, ne voit pas le bon côté de l'avenir, ne peut pas planifier la vie quotidienne et la vie en général, est désorganisé, semble attirer les « mauvais évènements », etc. Au niveau physique : troubles nerveux, tics, douleurs au dos et aux épaules, douleurs au cou, autres douleurs, migraines et sensations de lourdeur dans la tête, vision floue, etc.

- Autres endroits où les implants peuvent se trouver:
  1. Le $3^e$ œil : ce qui empêche la personne de voyager à l'intérieur d'elle-même pour se connecter à ses alliés/guides, pour rêver de l'avenir. Physiquement, les gens peuvent avoir des migraines, une vision floue, etc.
  2. Le foie et l'estomac : empêchant la personne de transmuter ses émotions, les implants se nourrissent de ces endroits chargés d'émotions condensées et non transmutées.
  3. Les chevilles, également très courant, empêchent la personne de se lancer dans un projet, d'avancer dans la vie, limitent la personne dans son potentiel, coupent son lien avec la Terre.
  4. Les hanches : paralysent les gens et empêchent l'énergie de circuler en douceur. La personne se sent coincée, a mal à cet endroit, a du mal à bouger, etc.

*Dès que les implants sont retirés, la personne peut sentir une énergie renouvelée, le fluide de la Vie reprend son cours, elle respire la VIE librement et pleinement !*

### L'origine des implants

Petite note sur l'origine des implants : elle est différente pour chacun et dépend du plan de vie de la personne, de son origine céleste et de ses mémoires cosmiques.

Utiliser les implants par des personnes négatives comme moyen pour contrôler les gens, n'est pas la même chose que lorsque les implants sont placés par des extraterrestres (ET), car ces implants proviennent d'une vibration très différente.

Les implants d'ET hors de la planète sont conçus pour contrôler et limiter le potentiel des humains (ou des âmes sur le plan physique), pour perturber et retarder leur évolution, ou leur travail sur Terre.

Parfois, les implants viennent de guérisseurs et de guides spirituels qui les placent sur leurs disciples pour les contrôler et « siphonner » leur énergie parce qu'ils veulent un revenu régulier par exemple. Dans le cas de sectes, plusieurs personnes émettent la même forme de pensée pour placer un implant aux nouveaux membres, il peut être dirigé par des invocations.

# Poisons énergétiques

Beaucoup de gens ont actuellement des problèmes avec leur système digestif en raison du type de repas qu'ils mangent et des sensibilités à divers aliments ; leurs organes deviennent enflammés, ce qui les rend relativement vulnérables aux attaques d'énergie négative visant à augmenter cette inflammation.

Chaque fois que j'ai (Chris) une douleur dans mon système digestif, je vérifie si je subis une attaque psychique. Si je trouve que j'ai un poison énergétique à cet endroit, je travaille avec mes guides pour l'enlever avant qu'il ne me cause des dommages. Le poison énergétique n'est pas seulement utilisé pour attaquer le système digestif, mais il peut être trouvé n'importe où dans le corps.

Voici un exemple de la façon dont j'ai procédé lors d'un récent examen de mes organes :

1. Tout d'abord, j'identifie l'organe qui a l'inflammation. Le poison était dans trois organes distincts : le rein droit, le rein gauche et la vésicule biliaire.
2. Ensuite, j'ai demandé à mes guides de :
    a. Entourez chaque organe d'un cercle de lumière,
    b. Former trois formes géométriques adjacentes aux organes mais en dehors de mon champ énergétique,
    c. Placer un tube de chaque organe à la forme géométrique associée et extraire le poison des organes dans la forme géométrique.
3. Lorsque le poison a été extrait, j'ai retiré le tube de chaque organe et je l'ai scellé.
4. J'ai ensuite ramené le tube dans sa forme géométrique et l'ai enfermé.
5. Pour finir, j'ai demandé que l'amour et la lumière de Dieu soient diffusés dans le cercle de lumière autour de l'organe qui avait été attaqué.

6. J'ai ensuite demandé aux guides de prendre les formes géométriques avec le poison énergétique à Dieu pour une élimination sûre.

Il est important de s'assurer que l'espace où se trouvait le poison énergétique est rempli de lumière et d'amour et qu'il ne reste rien après l'extraction du poison. Une fois le poison énergétique extrait, l'inconfort disparaît.

## Esprits des maisons

Pour chaque maison et jardin, il y a des esprits gardiens et dont le travail est de maintenir la fréquence vibratoire de votre maison ou de votre jardin. Ces esprits restent avec la maison ou le jardin et il y a souvent une période d'adaptation lorsque de nouvelles personnes emménagent.

Si vous déménagez dans un nouvel endroit, demandez à vos guides de surveiller et de vous aider à vous mettre en harmonie avec le nouvel endroit et à éliminer toute influence négative. Cependant, certains déséquilibres peuvent survenir si l'ancienne fréquence vibratoire n'est pas compatible avec la fréquence du nouveau propriétaire. Cela devient plus problématique s'il n'y a pas eu beaucoup de changement dans la fréquence vibratoire dans le passé : de plus en plus de gens évoluent rapidement, et leur fréquence vibratoire change.

Cette situation a récemment attiré notre attention lorsqu'un esprit de maison introduisait des entités négatives dans la maison dans le but de maintenir la vibration de la maison à la même fréquence qu'auparavant, parce qu'il s'y était habitué et s'y sentait à l'aise. Pour résoudre ce problème, il était nécessaire de demander l'aide de leurs guides pour changer l'esprit de la maison en un esprit plus compatible avec la nouvelle vibration. C'était une action extrême et, dans la plupart des cas, elle n'est pas nécessaire, car avec une période d'adaptation raisonnable, l'esprit de la maison peut s'acclimater à la nouvelle vibration.

Il faut savoir que la maison et le jardin ont des esprits différents car la vibration peut être très différente et ils ont des missions et des rôles différents.

On peut également demander de l'aide à l'esprit de la terre et des régions environnantes comme l'esprit des montagnes pour vous accueillir si vous déménagez dans une nouvelle région. Trouver un nouveau lieu ne dépend pas seulement de considérations géographiques et financières, mais aussi de considérations spirituelles. L'affinité avec l'espace physique est importante car elle jouera un rôle dans nos vies, nos familles et notre travail. C'est dans nos maisons que nous pouvons nous reposer, fonder une famille et travailler (à distance comme maintenant c'est une fréquentation) et vivre notre plein potentiel.

Notre présence dans un lieu et une ville particuliers a un sens, comme l'endroit a un impact sur nous, nous avons aussi un impact sur ce lieu lui-même. Nous pouvons être appelés à un endroit pour un travail énergétique spécifique, et pour cela, nous devons toujours aller à un nouvel emplacement d'un état de conscience supérieur.

# Attaques psychiques par des personnes vivantes

Pour plus de précisions ! Les attaques psychiques peuvent être faites par d'autres Êtres vivants dans des Dimensions à basse fréquence, et même par des ancêtres. Il est important de le préciser, car chaque catégorie nécessite une forme de travail différente.

Je vois les attaques psychiques comme des flèches ou des couteaux envoyés par une personne vivante jalouse ou contrariée. **Elle envoie ces attaques consciemment ou inconsciemment.**

*Enfant, j'entendais souvent parler du « mauvais œil », un regard maléfique qui se traduit par une énergie négative jetée sur la personne ou ses possessions. Cela peut conduire à des évènements malheureux qui se produisent immédiatement après la réunion/rencontre.*

## Pourquoi les gens s'envoient-ils des attaques psychiques ?

Eh bien, peut-être en raison de l'intolérance, il suffit de lire les messages haineux qui circulent gratuitement sur YouTube et Facebook par les Trolls ! Le côté impersonnel des profils sur ces réseaux et le fait d'être caché derrière un nom et une photo fictifs encouragent ce genre de comportement. Le racisme et ce qu'on appelle l'opinion à sens unique sont aussi des mécanismes où les gens s'attaquent les uns les autres. Je pense aussi que la frustration que les gens éprouvent dans leur vie quotidienne augmente le degré de méchanceté et de haine en eux. Comment peuvent-ils ressentir et être en amour s'ils détestent la vie elle-même ?

*La jalousie et l'envie sont d'autres déclencheurs d'attaques « Je veux ce que tu as » !*

Comment savez-vous si vous êtes sous une attaque psychique d'une personne vivante ? Après avoir rencontré une personne en particulier par exemple, vous pourriez :

- Vous sentir mal à l'aise, surtout vers le coucher du soleil et la nuit.

- Avoir le sentiment d'être étranger dans votre propre corps.
- Vous ou d'autres personnes pouvez ressentir une autre « présence » inconfortable, un sentiment de non-aisance.
- Avoir une baisse soudaine d'énergie, un sentiment de solitude accompagné de fatigue ou de lassitude.
- Avoir des émotions soudaines : colère, tristesse, détresse, peur, chagrin, etc.
- Avoir des pensées destructrices ou négatives qui ne vous ressemblent pas.
- Avoir des dépendances soudaines : nourriture, boisson, sexe !
- Avoir une insomnie ou des rêves étranges, des cauchemars, des visions fantomatiques.
- Avoir un accident petit ou grand : accidents de voiture, plaques qui se cassent, etc.

**Un mot sur les attaques utilisant d'autres personnes**

Dans ce cas-là, l'attaque peut sembler provenir d'une personne en particulier alors qu'en fait elle provient de quelqu'un d'autre ou d'une entité négative. Un attaquant peut utiliser l'énergie d'une autre personne comme bouclier pour cacher son identité. La personne utilisée comme bouclier peut même ne pas savoir qu'elle est utilisée.

Il existe également des attaques cycliques où plusieurs groupes attaquent une personne à tour de rôle. Cela peut être assez difficile à gérer, car une quantité importante d'énergie négative est dirigée, ce qui peut endommager les structures géométriques de la personne, l'énergie provient de différentes directions et il est difficile d'identifier d'où elle vient. On peut arrêter l'attaque d'un groupe avec une grosse bulle de lumière, mais toujours vérifier après si une attaque s'est vraiment arrêtée.

## Les pensées peuvent vous blesser

Lorsque nous avons une pensée particulière plusieurs fois, elle peut être imprimée dans notre système énergétique. La qualité de la pensée et toute émotion qui la sous-tend déterminent l'effet de la pensée sur nous.

Avoir des pensées constructives a un effet positif sur votre système énergétique et votre santé.

*Il est important de ne pas sous-estimer l'influence des pensées négatives.*

Nos pensées et le langage que nous utilisons peuvent nous affecter ; si nous utilisons des mots comme « je ne peux pas », « je ne le ferai pas », « je n'ai pas besoin de le faire parce que quelqu'un le fait », nous nous mettons automatiquement à un niveau inférieur à celui de quelqu'un qui dit « je peux le faire ». Il est important d'être ouvert à l'apprentissage.

Les pensées nous viennent tout le temps, de la radio, de la télévision, des livres, des conversations que nous avons avec les gens, des conversations que nous entendons. Nous avons la capacité de filtrer ce que nous recevons et si nous pouvons filtrer les pensées négatives, cela rend les choses beaucoup plus faciles pour nous. Si vous avez besoin de recevoir un message de vos alliés/guides, demandez-leur d'arriver sur une vibration élevée.

Il est très important quand une pensée vient à l'esprit de demander « cette pensée est-elle la mienne » parce que ce n'est peut-être pas la vôtre, mais celle qui vous est imposée. Si ce n'est pas le vôtre, dites simplement « tu n'es pas ma pensée » et laissez-la partir.

Rappelez-vous que vous contrôlez vos pensées et que vous n'avez pas à accepter les pensées de quelqu'un d'autre.

Les enfants peuvent être vulnérables aux pensées des autres. Les enfants qui arrivent dans le système médical avec une maladie qui a été planifiée à l'avance pour donner une leçon, sont souvent affectés négativement par les pensées du médecin. Souvent, la profession médicale doit diagnostiquer dans des paramètres définis et parfois attacher à tort un diagnostic à l'enfant. Au cours d'une opération, le langage utilisé par les professionnels est parfois inapproprié et ils ne se rendent pas compte de l'impact qu'il a sur le système énergétique de l'enfant, ce qui peut aggraver les choses. En vieillissant, vous êtes plus susceptible de rejeter certaines de ces idées qui ne vous semblent pas justes, mais en tant qu'enfant, vous êtes vulnérable aux pensées des adultes.

## Qu'est-ce qu'une « Forme de pensée »?

Avoir une pensée négative ou positive avec une émotion forte, crée une « Forme de pensée énergétique » qui peut se loger dans votre système énergétique et si l'émotion est assez forte quand vous pensez à quelqu'un d'autre, peut aussi se loger dans leur système énergétique.

Les gens ne sont souvent pas conscients quand il s'agit de penser, ils ne réalisent pas l'impact que cela a et le pouvoir derrière cela et, par conséquent, ils peuvent placer des pensées dans votre aura ou votre système énergétique qui peuvent vous être préjudiciables. Parfois, lorsque les gens sont mécontents de quelque chose que vous avez fait, ils envoient de la colère et cette colère peut rester comme une émotion piégée ou elle peut se manifester comme une maladie, parce qu'elle a une faible vibration.

Les « formes de pensée » qui ne sont pas insérées consciemment sont assez faciles à traiter tandis que celles qui sont conscientes sont beaucoup plus difficiles à résoudre, car elles sont assez spécifiques et peuvent cibler des zones spécifiques du corps. Elles doivent être tracées et éliminées et il doit y avoir une barrière entre vous et l'expéditeur.

Les « formes de pensées » sont différentes des croyances ; les croyances fournissent un filtre à travers lequel nous voyons nos expériences et la vie elle-même. Une forme de pensée énergétique est une idée ou un ensemble d'instructions qui, une fois créées, ont une vibration énergétique et une vie propre.

Les formes de pensée peuvent voyager avec vous à travers plusieurs vies et être actifs dans chacune d'elles ou rester en dormance jusqu'à ce qu'une certaine vibration soit atteinte.

Les formes de pensée qui se sont logées dans votre système énergétique deviennent visibles lorsque vous êtes prêt à les libérer et lorsque vous atteignez une vibration suffisamment élevée.

# Différents types de formes de pensées

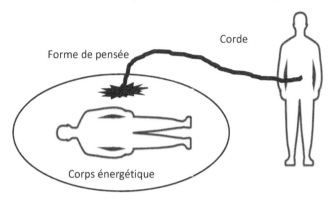

**Dirigées, mais involontaires et intentionnelles « Formes de pensée »**

Parfois, une personne peut avoir des pensées négatives à propos de quelqu'un, mais pas au point de vouloir lui faire du mal. Cela peut envoyer une forme de pensée involontaire à l'autre personne. Il y a le type de formes de pensée intentionnelles où la personne veut nuire à l'autre et est capable de le contrôler à l'aide d'un cordon connecté et, dans ce cas, certaines de ces personnes ont la capacité de déplacer la forme de pensée dans tout le corps. Ce type d'attaque est beaucoup plus dangereux que la simple « forme-pensée ».

**Émotions associées aux « formes de pensée »**

Il est utile d'identifier l'émotion derrière une « forme de pensée ».

Lorsque les gens envoient une forme de pensée, il y a souvent une forte émotion derrière. Très souvent, la personne cible ne sait pas qu'elle a reçu cette forme de pensée, mais elle peut être consciente de l'émotion qui y est attachée.

Trouver une émotion forte dans notre corps à laquelle nous ne nous associons pas est une indication utile qui indique que nous avons été attaqués par une forme de pensée.

Nous savons qu'il y a une émotion associée à la forme pensée, mais que faisons-nous de cette information ? Traitons-nous différentes émotions différemment ? Chaque émotion résonnera avec un aspect du corps. Vous avez votre peur, votre joie, votre chagrin, tout cela est dispersé dans tous les corps énergétiques. Les émotions sont souvent liées à un chakra particulier et lorsque vous trouvez le chakra auquel elles sont liées, une façon de les supprimer est d'utiliser le diapason approprié pour les libérer.

Chaque chakra est associé à une fréquence de diapason différente. Le bon diapason attirera magnétiquement l'énergie de l'émotion. Nous utilisons le diapason pour mettre cette énergie dans une boule afin qu'elle puisse être extraite du champ d'énergie de la personne.

## « Formes de pensée » enracinées dans des vies antérieures

Si vous avez eu une interaction dans une vie antérieure avec la personne qui envoie la forme de pensée, cela peut former une ancre pour la forme de pensée, ce qui rend difficile la suppression de la forme de pensée de la manière normale.

Les formes de pensée peuvent s'étendre sur plus d'une vie. Lorsqu'une forme de pensée est située dans un chakra et semble passer à travers le chakra, la forme de pensée peut provenir d'une vie antérieure. Pour supprimer un telle la forme de pensée, vous devez revenir à la vie dans laquelle elle est originaire en utilisant une forme de régression de la vie passée.

## « Formes de pensée » héritées

Lorsqu'une forme de pensée a une forme géométrique distinctive, il s'agit souvent de la forme de pensée hérité. Lorsque je travaillais avec un client, j'ai détecté une forme de pensée qui ressemblait à une boîte oblongue attachée à une section du réseau dans le système énergétique du client. C'était une forme de pensée héritée[7].

## « Formes de pensée » de pré-naissance

Il existe un type particulier de forme de pensée qui provient du groupe de planification prénatale et il est là pour transmettre des messages pour réaliser une situation particulière, mais jusqu'à ce que la personne soit prête à s'en détacher, la forme de pensée ne sera pas apparente. Ce type de forme de pensée peut être trouvé à plusieurs endroits et doit être retiré de bas en haut du système énergétique et jamais de haut en bas.

## Les formes de pensée comme arme

Les pensées dirigées peuvent être utilisées comme une sorte d'arme qui cible la personne qui peut être Influencée à penser et à ressentir d'une manière particulière. Ce type d'attaque est efficace pour créer le doute et affaiblir la détermination de la personne. Cette forme de pensée a tendance

---

[7] Pour en savoir plus sur les grilles et les formes de pensée, lisez « Prospérer dans la nouvelle vibration » de Maggie & Chris De Combe disponible sur Amazon.com

à se faufiler entre les corps d'énergie émotionnelle et mentale et influencera les deux pour créer des pensées et des sentiments erronés.

**La « forme de pensée » attachée**

Selon le type de forme de pensée, elle peut s'attacher au système énergétique de la personne de différentes manières.

Elle peut (au niveau éthérique) :

- Ne pas être lié du tout,
- Utiliser des crochets pour se fixer plus solidement au système énergétique,
- Ou elle peut être verrouillé en place. Lorsque la forme de pensée est verrouillée, le verrou doit être cassé avant que la forme de pensée puisse être retirée.

Les formes de pensée renforcées sont souvent piégées dans le corps et peuvent avoir une ancre très profonde qui peut le maintenir là. C'est parce qu'il a été continuellement renforcé. Cela devient presque comme une empreinte, par exemple si on dit continuellement à un enfant qu'il est stupide et qu'il adopte cette croyance, il fait alors partie de leur composition et est vraiment ancré. La forme de pensée peut être déverrouillée en utilisant l'intention.

Parce que la vibration de la Terre augmente, les gens évolueront beaucoup plus rapidement que par le passé et de plus en plus de gens veulent supprimer ces formes de pensée. Plutôt que de les réprimer avec de la drogue ou de l'alcool, ils veulent aller à la racine des choses et s'attaquer directement au problème.

**Formes de pensée en dehors de votre domaine**

Une forme de pensée dans une pièce peut résonner avec la personne et se frayer un chemin dans le champ de quelqu'un pour lui causer des problèmes.

Il y a toujours des formes de pensée dans chaque endroit où vous allez. Chaque fois que vous bougez, vous devez nettoyer les énergies de la maison, car il y a des énergies qui étaient là avant, elles peuvent être bonnes, mauvaises ou indifférentes, et elles peuvent infiltrer le champ d'énergie d'une personne. Vous pouvez également apporter votre armure protectrice ou votre cape lorsque vous vous rendez dans des endroits avec ces énergies négatives tels que les hôpitaux, les centres commerciaux [8], etc.

---

[8] En savoir plus à ce sujet dans techniques de protection

**Petit rappel : Pensées négatives**

Les pensées négatives sont des formes de pensées. Ces pensées peuvent être envoyées dans votre corps aurique mental afin que vous pensiez que ces pensées sont les vôtres, mais en réalité, elles vous ont été imposées. Ces pensées minent généralement votre confiance et votre estime de soi.

Lorsque vous rencontrez des pensées comme celles-ci, c'est toujours une bonne idée de vous demander « est-ce que cela m'appartient ? ». Une fois que vous réalisez qu'elles ne vous appartiennent pas, elles ont tendance à perdre leur pouvoir et peuvent être abandonnées.

## La Manipulation

Ce chapitre ne serait pas complet sans une mention de la manipulation, car la façon dont nous sommes influencés négativement est une partie importante. Dès notre plus jeune âge, on nous apprend à défendre les croyances et les valeurs de nos parents, de notre communauté, de notre origine religieuse et de notre pays. Bien que dans certains cas, c'est bénéfique pour nous, ce ne serait pas trop mal si on nous apprenait à avoir le sens critique et à penser par nous-mêmes. Malheureusement, notre gouvernement et nos systèmes scolaires récompensent une obéissance aveugle au point de vue officiel et nous ne sommes pas encouragés à remettre tout en question.

Il y a toute une industrie dont la seule fonction est de nous manipuler pour acheter ce que le fabricant veut vendre. C'est une statistique connue que :

- 20 % de la population peut être facilement influencée parce que l'influenceur veut,
- 20 % de la population est très difficile à influencer
- Et le reste peut être influencé dans une certaine mesure.

Ce que l'histoire a montré, c'est que le pourcentage auquel on peut être influencé augmente si on est stressé.

Ajoutez de la peur à la situation et le niveau de stress augmente encore plus.

La démarche consiste à faire peur aux gens par quelque chose qui est hors de leur contrôle; ensuite, de leur proposer une solution qui les amène à faire ce que le manipulateur veut. L'un des signes de manipulation est de ne pas être autorisé à remettre en question la solution.

*Chez la plupart des gens, la raison pour laquelle ils manipulent est la cupidité ou le pouvoir.*

Dans certains cas, la raison est encore pire : contrôler et créer ce qu'on veut sans se soucier de l'impact sur la personne manipulée. Ce type de manipulation peut être correctement appelé : attaque psychique. La façon de traiter cette forme d'attaque est d'abord de reconnaître qu'elle se produit.

**Êtes-vous obligé de faire quelque chose que vous pensez être mal ?**

Vous souvenir que vous êtes un être divin aide dans ces situations parce que cela peut vous donner la force de résister et de rester fidèle à VOS croyances. Interrogez toujours les données qui vous sont présentées et regardez s'il existe d'autres données à l'appui de la revendication. Ne vous contentez jamais d'accepter une déclaration non étayée.

Il n'y a pas que les gens qui manipulent. Il y a des Êtres et des influences négatives qui essaient de vous empêcher d'évoluer et qui essaieront de vous manipuler pour faire des choix et prendre des décisions qui ne vous conviennent pas. Un être négatif vous offrira des informations et les deux premières fois, les informations seront utiles et vraies. La troisième fois, l'information sera trompeuse, mais parce que l'information était correcte avant, vous l'acceptez.

L'être négatif peut implanter des pensées déprimantes dans votre tête pour faire baisser votre vibration et vous amener à dire ou à faire des choses que vous ne feriez pas normalement. C'est pourquoi, lorsque vous vous sentez abattu, demandez à votre Moi supérieur si les pensées sont vraiment les vôtres. Il est très important de garder une attitude positive et d'être conscient des signes de manipulation. Une fois que vous êtes conscient de la manipulation, vous êtes sur la bonne voie pour la surmonter.

# Autres formes d'attaques

Nous avons parlé plus haut des formes de pensée, des implants, mais il existe d'autres formes d'attaques énergétiques et d'armes psychiques utilisées contre nous.

Les attaques dirigées utilisent généralement un certain type d'arme à énergie. La plupart des armes négatives placées chez une personne se présentent sous la forme de poignards et de couteaux, en forme de boules qui peuvent devenir de plus en plus grande, comme une tumeur, ce qui peut provoquer des distorsions là où elles sont placées, par exemple dans le plexus solaire/système digestif. Toutes les armes à énergie font chuter le niveau de vibration d'une personne et peuvent attirer d'autres influences négatives.

## Armes énergétiques

Ce type d'arme à flux d'énergie est une forme concentrée d'énergie négative. Elle provoque une distorsion dans le flux d'énergie qui peut alors influencer l'organe physique, car l'organe agit comme s'il était affecté par une arme réelle et cela coupe l'énergie. Les attaques multiples seront souvent utilisées pour épuiser la personne et faciliter la pénétration de ses défenses.

## Poignards

Un poignard énergétique est comme un vrai poignard dans le corps physique, il a une pointe qui traverse tous les corps énergétiques et provoque une distorsion tout au long. Il coupe littéralement le corps énergétique qui doit être réparé par la suite. Ce type d'attaque peut également inclure l'implantation de fragments énergétiques de verre ou de métal dans des parties sensibles du corps, ce qui peut créer une inflammation. Nous avons vu que ce type d'attaque causait beaucoup d'inconfort et de douleur.

## Fléchettes énergétiques

L'utilisation de fléchettes énergétiques ou de dispositifs similaires est plus courante dans les tribus où les chamanes sont là pour protéger la tribu. La fléchette est un moyen d'ancrer l'énergie négative dans un point faible du champ énergétique de la personne. Au fil du temps, une fléchette peut causer une maladie ou une faiblesse chez quelqu'un. Ces fléchettes sont généralement placées consciemment dans le corps et peuvent être enlevées par un énergéticien.

## Graines implantées

Ce type d'influence négative est conçu pour perturber les circuits dans les systèmes énergétiques de la personne. Elles sont placées dans le système énergétique d'une personne où il y a déjà une faible vibration, et elles mûrissent lentement au fil du temps. Lorsque vous détectez cette forme d'attaque, vous devez sceller l'extérieur du champ d'énergie afin qu'aucune nouvelle graine n'entre et vous devez supprimer celles déjà présentes dans le système[9].

## Énergie de succion

L'énergie peut être aspirée hors du champ d'énergie d'une personne à l'aide d'un tube de siphon directement dans le corps énergétique. Cela peut être difficile à détecter autrement que par le sentiment d'être continuellement fatigué.

Très souvent, ces siphons sont placés plutôt lorsque la personne est vulnérable et n'a aucune conscience de ce qui se passe. Une fois qu'une personne se rend compte que l'énergie est siphonnée, elle peut l'empêcher en utilisant l'intention de retirer le tube et de renvoyer beaucoup de lumière dans le tube à la personne qui prend l'énergie. La meilleure façon d'éviter cela est de continuer à augmenter votre vibration, d'être conscient et d'entretenir votre espace intérieur et extérieur.

Les gens que vous connaissez peuvent être utilisés par une personne négative pour siphonner votre énergie et affaiblir votre niveau d'énergie sans qu'ils le sachent. Ces siphons sont retirés de la même manière qu'une attaque directe.

## Énergie nette

Si une personne veut garder une autre personne dans une faible vibration, elle peut l'enfermer dans un maillage/filet d'énergie sombre. C'est comme un filet qui entoure l'extérieur de l'aura d'une personne. Cela ne blesse pas

---

[9]Note pour les Travailleurs de Lumière : ces graines ont des objectifs variés, allant du contrôle de l'esprit aux dommages du corps physique en l'empêchant de se réparer. Beaucoup ont des crochets sur eux, donc pour les enlever, vous pouvez les placer dans une forme géométrique et les inonder de cristal de quartz rose liquide et léger pour les dissoudre.

spécifiquement la personne, mais l'empêchera d'étendre et d'élever sa vibration.

Le maillage se forme tout autour d'une personne. Il forme une bulle autour d'elle où la basse fréquence est conservée à l'intérieur. Comme ce maillage n'est pas fermé en haut ou en bas, on peut y entrer et le remplir de l'amour, de la lumière et de l'énergie de Dieu pour l'enlever. La maille peut également être coupée avec un couteau ou une épée de lumière.[10]

## Cage énergétique

Une cage est une construction plus solide que le maillage. La cage maintient la personne à un niveau de vibration inférieur et l'empêche d'atteindre un niveau de vibration hors de portée de l'attaquant. En raison de sa construction plus forte, la cage nécessite l'aide d'Êtres angéliques pour l'enlever.

## Nuages d'énergie négative

Utilisé pour prendre le contrôle d'une personne ou d'une masse de population. Une fois qu'ils se sont établis assez fortement sur une personne, le nuage peut commencer à prendre racine. Il a un point d'ancrage qui descend du fond du nuage et s'attache à la personne. C'est comme une griffe. Plus le nuage est dense et plus il est en place depuis longtemps, plus il est probable que des griffes l'attachent.

Pour l'enlever complètement, vous devez libérer le point d'ancrage et extraire toute l'énergie négative.

Ces types d'attaques deviennent de plus en plus visibles à mesure que nous évoluons et que nous voyons plus de choses. Il est important d'enlever ces nuages sombres dès qu'ils deviennent visibles et de les remplacer par de la lumière pure.

## Observation à distance

Les Êtres sombres peuvent utiliser une certaine forme de vision à distance pour voir ce que vous faites, ce qui les aide à identifier leurs cibles et à planifier leur attaque. C'est une bonne idée d'utiliser une forme de prière tous les matins et tous les soirs pour placer un bouclier autour de vous afin de contrer ce type d'observation[11].

---

[10] Voir la formation Chirurgie éthérique sur le site de l'académie pour plus d'informations

[11] Observateurs à distance

## Fermeture des trous dans l'Aura

L'élite de la 4$^e$ Dimension et les Êtres négatifs sont très doués pour exploiter les trous que l'on peut trouver dans l'aura. Il est important de vérifier régulièrement si des trous se sont développés et de demander à vos guides ce que vous pouvez faire pour les fermer.

## Symboles sombres

Les symboles sombres sont un moyen particulièrement désagréable d'abaisser la fréquence vibratoire. Ils sont placés dans le champ d'énergie d'une personne et continuent de vibrer avec une énergie destructrice. Si vous trouvez un symbole sombre, évitez de le toucher et demandez à vos guides de le retirer et de le renvoyer au Créateur. Les symboles sombres sont si négatifs que seul le Créateur peut s'en débarrasser en toute sécurité.

Lorsqu'un symbole sombre est détecté, sa taille peut s'agrandir pour le rendre plus difficile à supprimer. Ils forment souvent un point d'ancrage pour les nids d'Êtres sombres et peuvent attirer la négativité.

# Chapitre 5 : 12 compétences pour percevoir les attaques psychiques

Pour ceux qui recherchent la perspicacité et la clarté

Pour percevoir les attaques psychiques et pouvoir vous en libérer, vous devez connaître vos pouvoirs de perception et être prêt à « voir ».

L'une des plus grandes compétences qu'on peut acquérir est la capacité de dire quand quelqu'un n'est pas honnête ou n'est pas ce qu'il semble être. Ce n'est pas une chose facile à faire, car certaines personnes ne sont pas conscientes de leurs sentiments ou sont habiles à les cacher. C'est là qu'il est très important de se faire confiance et de suivre son intuition.

Nous avons tous un certain niveau de capacité psychique et si nous pouvons connecter avec notre cœur, et communiquer avec nos guides et nos alliés de confiance, alors nous pouvons obtenir les informations dont nous avons besoin pour décider de faire confiance à quelqu'un ou non, et pour éviter un lieu ou un évènement.

*Une personne très négative aura un effet direct sur le champ d'énergie, et c'est là que la confiance en vos inspirations intérieures et votre intuition entre en jeu.*

### *Exploration de l'inconnu*

Le besoin de développer nos habilités psychiques peut venir de notre curiosité pour le monde de l'invisible ou de notre besoin de survie dans un monde terrestre ou les données matérielles ne sont pas suffisantes pour prendre des décisions ou comprendre les situations.

J'ai entendu cette citation lors d'un podcast « le monde visible n'est que l'enveloppe du monde invisible » ! Le monde invisible est méconnu et cache des trésors mais aussi des dangers. Être capable de puiser des informations dans le monde de l'inconnu nous aide à comprendre notre vie et à savoir comment naviguer dans le monde terrestre tout en préservant notre énergie et nos ressources matérielles.

*Nous vous invitons à vous poser ces questions :*

Détendez-vous, connectez-vous avec votre côté curieux et laissez-le vous guider, écrivez les réponses qui peuvent venir à vous, les sensations, les mots, les souvenirs ; vous pouvez également utiliser votre jeu de cartes pour vous aider :

- Qu'est-ce que « l'inconnu » ? Qu'y a-t-il derrière les voiles ? Comment puis-je l'identifier ?
- Suis-je prêt à savoir ce qui est caché ? Suis-je prêt à voir le bon, mais aussi le mauvais côté des gens ?

- Dans le monde de l'« inconnu », il y a des trésors et des dangers, comment les reconnaître ? Comment puis-je éviter les dangers (si nécessaire) ?
- Quelle est la meilleure attitude à avoir avec les créatures étranges que je rencontre dans le monde de l'« inconnu » ?
- Quelles sont les lois cosmiques que je dois respecter dans le monde mystérieux de l'« inconnu » ?

Voici une liste non exhaustive des capacités que vous pourriez déjà avoir ou développer à l'avenir pour vous aider à puiser de l'information dans le monde de l'invisible et à vous protéger :

## Lecture de l'aura

Une aura est le champ électromagnétique qui entoure le corps d'une personne, il peut être perçu par les gens à travers les couleurs ou ressenti par l'énergie (chaud vs froid). La couleur et l'ambiance de l'aura peuvent changer de minute en minute et d'un jour à l'autre, elle montre les failles à travers lesquels la personne laisse les portes s'ouvrir et les zones du corps qui ont besoin de soutien. Si c'est votre cas, vous pouvez demander à percevoir votre aura à travers une méditation ou demander à quelqu'un en qui vous avez confiance de faire une lecture de votre aura.

## Écriture automatique

C'est un processus d'écriture sans intention consciente, inspiré par les alliés et certains disent par l'inconscient. Si vous avez cette capacité, vous savez comment mettre votre « côté égo » de côté afin de recevoir l'inspiration par votre main. Vous pourriez utiliser - pour l'écriture - votre main non-dominante pour faciliter le lâcher-prise et réduire le contrôle.

## Clairaudience

C'est le pouvoir auditif qui peut se manifester comme un son venant de l'intérieur ou de l'éther. Lors de l'ouverture de ce canal, la personne peut entendre différentes voix en même temps, avoir une sensibilité à la voix et au bruit. Être aligné est la meilleure manière pour savoir si ce qu'on entend est juste. Certains peuvent recevoir des mots ou des phrases, d'autres entendent de la musique ou des chansons ou peuvent entamer une conversation avec les esprits.

## Clairconnaissance

C'est cette « connaissance » intérieure, quelque chose qui vient comme preuve. Vous ne savez peut-être pas d'où il vient, mais vous savez que c'est juste, sans avoir d'explication logique. Vous voudrez peut-être avoir des moments de silence et de méditation pour pouvoir vous connecter à cette connaissance intérieure ; l'écriture est d'une grande aide, car elle vous aide à mettre des mots sur ce que vous recevez à travers ce canal.

## Clairgustance

C'est la capacité de recevoir des informations à travers le sens de la dégustation. Si vous avez ce pouvoir, vous pourrez peut-être goûter les énergies des lieux, des environnements, des maladies, etc.

## Clairolfactance

C'est le pouvoir extrasensoriel de l'odeur psychique. Cela pourrait être lié à certains évènements du passé ou du futur, si vous avez ce pouvoir, vous pourriez sentir de mauvaises odeurs quand il y a des influences négatives, et de belles odeurs comme l'encens quand des influences positives sont présentes.

## Clairsentience

Avec cette capacité, on ressent les sentiments de l'autre, sans lui parler ou interagir avec lui, il s'agit aussi de ressentir les émotions des personnes décédées, des âmes perdues, des émotions coincées dans les bâtiments ou les terres où il y a eu des guerres ou des célébrations. Ces émotions traversent le temps, elles peuvent venir du passé ou du futur. Si vous avez ce pouvoir, il est important de séparer vos propres émotions de celles des autres et des endroits, afin de :

- Ne pas être confus par rapport à la raison pour lesquels vous vous sentez de cette façon.
- Faire le travail que vous avez à faire : nettoyage, guérison, etc.

## Clairvoyance

Ce pouvoir est le plus connu, mais pas le seul que vous pourriez avoir. C'est la capacité de voir des objets, des personnes, des évènements qui n'apparaissent pas à l'œil physique. Pour avoir des images claire, l'œil intérieur (il ne comprends pas seulement le $3^e$ œil) utilise les informations qui sont disponibles pour le mental et acquièrent de l'imagination et de la sagesse pour comprendre le message central.

## Divination

La divination est associée à la magie, à la sorcellerie, au chamanisme et à de nombreuses autres pratiques et traditions. La divination est un ensemble de méthodes que nous utilisons pour obtenir la direction divine, un message, des informations et de la sagesse par des moyens considérés comme surnaturels. Les outils divinatoires peuvent être différents d'une tradition à l'autre et d'une personne à l'autre. Certaines formes de divination ne nécessitent pas d'outils, mais dépendent des capacités psychiques naturelles de la personne et de sa volonté d'écouter des messages : par exemple, le voyage chamanique, la méditation, etc.

Mais il est possible d'utiliser certains objets pour accentuer son agilité, ou pour ouvrir les portes de la perception.

Voici quelques méthodes pour obtenir les informations dont vous avez besoin :

- Test musculaire ou test de balancement. Cela utilise votre propre corps pour communiquer avec votre Moi supérieur.
- Utilisation d'un pendule. Certaines personnes ont beaucoup de succès en utilisant un pendule pour répondre aux questions oui/non.
  Une autre méthode consiste à l'utiliser pour mesurer la vibration - avec l'échelle de Bovis - d'un lieu ou de chakras dans votre corps.
  Voir un exemple d'échelle à utiliser avec le pendule pour mesurer dans les prochaines pages.
- Jeux de tarot ou Oracle. L'utilisation de ces cartes peut fournir beaucoup d'informations, mais il n'est pas juste de les utiliser pour trouver des informations sur une autre personne sans permission, ce qui est difficile dans cette situation. Le moyen de contourner le problème est de poser des questions sur la façon dont cette personne vous affecte.

**Voici un tirage simple que vous pouvez utiliser,** choisissez une carte de votre tarot ou oracle pour chaque côté/direction :

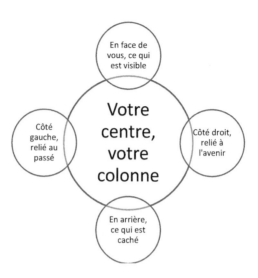

Carte 1 : Votre colonne, c'est votre centre, votre essence, votre expression dans ce monde, comment vous vous montrez aux autres. Il est également lié à votre colonne et à votre système nerveux.

Carte 2 : Devant vous, l'avant de votre corps et de votre champ d'énergie, cela peut aussi montrer s'il y a des limitations qui vous sont imposées sur le monde physique, l'incapacité d'avancer, etc.

Carte 3 : Votre dos du côté physique et énergétique. Il peut également montrer certaines personnes ou énergies agissant dans votre dos. Cette carte vous permettra de savoir ce qui doit être visible à partir de maintenant

Carte 4 : Côté physique et énergétique, peut être lié à des perturbations liées à l'avenir, peut-être la peur de ce qui peut arriver.

Carte 5 : Côté gauche physique et énergétique, peut être lié à des perturbations dues à des expériences passées ou à des traumatismes.

Un autre tirage pour faire un rapide check-up de votre énergie consiste à choisir une carte pour chaque chakra, ou pour chaque corps (mental, émotionnel, etc.).

- Prière. Demander à Dieu de vous montrer la vraie nature de quelqu'un, que cela vous soit révélé.
- Divination au sel : J'ai appris cette technique de ma famille (OI) qui l'utilise depuis de nombreuses années. Prenez un peu de sel et

passez-le sur un feu que vous avez mis en place (hors de votre maison) ou en utilisant le feu du poêle. Regardez les formes que le sel et le feu forment. Par exemple, si vous voyez un œil, cela pourrait signifier qu'il y a un mauvais œil, une mauvaise énergie est envoyée sur votre chemin et qui doit être nettoyée.

Pour la divination vous pouvez aussi utiliser des objets ordinaires tels que des os, des coquillages, des plumes, des pierres, des feuilles, etc.

Voici un moyen simple de définir vos outils :

- Tout d'abord, identifiez vos outils, ceux avec lesquels vous êtes plus à l'aise, et vous ressentez une connexion tout en l'utilisant.
- Identifiez le rôle de chaque élément, par exemple : si vous utilisez des pierres, quel serait le sens pour chaque pierre, si vous utilisez un tapis, divisez-le et spécifiez la signification de chaque côté.
- Essayez différentes questions, et entraînez-vous sur vous et vos amis par plaisir.
- Vous avez besoin d'avoir l'esprit clair pour déchiffrer les messages, n'utilisez pas vos outils divinatoires pour prendre des décisions si vous vous sentez anxieux ou stressé, mais plutôt pour retrouver un espace calme intérieur.
- Ne comptez pas sur les messages pour prendre de grandes décisions. Cela signifie que même si les outils suggèrent que quelqu'un que vous connaissez vous attaque, ne prenez pas de décision, utilisez le bon sens, la sagesse et cherchez plus de conseils si nécessaire.
- Vous devez pratiquer et pratiquer jusqu'à ce que vous soyez à l'aise pour lire/intercepter les aspects cachés.

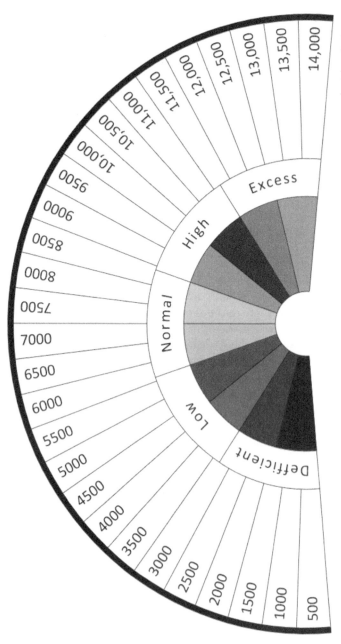

## Psychométrie

C'est le pouvoir de ressentir et de recevoir des informations et des faits sur un évènement ou une personne en touchant des objets qui lui sont associés. Si vous avez ce pouvoir, vous pourriez ressentir le besoin de nettoyer votre énergie après afin de vous déconnecter de l'énergie des autres.

## Télépathie

C'est le futur moyen de communication. C'est la capacité de communiquer des pensées directement de l'esprit d'une personne à l'esprit d'une autre personne sans utiliser de mots ou de signaux. Cela peut également se produire entre les esprits ou les Êtres et l'esprit d'une personne. Il peut être utilisé pour la manipulation de manière négative ou pour une guidance positive.

## Rêves

Les rêves sont l'un des meilleurs outils pour savoir si vous avez quelque chose qui influence votre énergie ou que vous subissez une attaque psychique. Ceux-ci peuvent être :

- Spontané : par exemple, vous rêvez d'un chien qui court après vous, d'un serpent noir, etc.
- Préparé et planifié : dans ce cas, vous posez des questions spécifiques pour en savoir plus sur la situation réelle. L'une des formes que je partage dans le « Journal des Rêves » est : « Ce soir, je sais ce qui se passe avec cette personne », « Ce soir, je sais quelle porte de mon champ d'énergie est ouverte ».

----

Comme nous l'avons montré, il existe différentes voies pour avoir des informations sur ce qui se passe. Tout le monde est différent et chacun a des pouvoirs différents. Même si vous considérez que vos pouvoirs ne sont pas développés suffisamment, vous pouvez utiliser certaines méthodes comme la divination avec succès.

*Pour plus d'exploration, voici quelques questions :*

- Êtes-vous conscient de ce qui se passe dans votre esprit, vos émotions et votre corps ?
- Quel est le but de vos pouvoirs psychiques ?
- Comment pouvez-vous les utiliser pour votre bien-être ? Et pour le bien-être des autres ?

- Quelle est votre mission d'âme ?
- Sur quoi vous concentreriez-vous si vous étiez hermétique/éloigné des influences négatives et pleinement dans un environnement positif et harmonieux?
- Qu'accompliriez-vous pour vous-même ? Pour le monde ?

Malheureusement, il est possible que les énergies négatives soient dissimulées, parfois la vérité est cachée avec des mensonges, et les mensonges sont cachés derrière ce qui est vrai. C'est pourquoi vous ne devriez jamais riposter si vous pensez que quelqu'un a une intention négative envers vous. La meilleure solution est de vous éloigner autant que possible de la personne et de fermer les portes qui permettent à ces personnes de vous approcher.

Vous devez comprendre la leçon derrière cette situation afin d'aller de l'avant. Cela peut être difficile si la personne est un membre de la famille, mais il est très important de ne pas rester dans un environnement toxique et l'interaction doit être minimisée.

**Concentrez-vous sur votre mission d'âme.**

# Chapitre 6 : Les 40 techniques de protection

Pour ceux qui cherchent de l'aide et de la pratique

Maintenant que nous avons révélé quelques vérités sur ces attaques psychiques, nous vous donnons des moyens de vous aider à vous en libérer ! Ce sont des stratégies pour se remettre sur les rails, car l'ignorance fait peur ! N'ayez pas peur, et ne laissez pas l'ignorance vous faire peur !

Dès que vous faites la lumière sur ce qui vous fait peur, cela s'évapore = la peur disparaît et vous pouvez faire face à la source du problème.

Le principe de ces suggestions est basé sur notre certitude que chaque humain est un Co-Créateur, nous avons le choix, et la responsabilité de fermer nos portails et nos lacunes, et de nous remplir de lumière.

Notre objectif à travers les sections suivantes est de vous aider à augmenter vos vibrations et à vous rendre inaccessible aux nuisances.

La complexité n'est pas toujours la meilleure réponse, même si ces stratégies peuvent vous sembler faciles, mettez-les en place. Faites comme les pratiquants d'arts martiaux : des petits pas tous les jours, appliquez ces techniques fréquemment, prenez quelques minutes pour le faire quotidiennement pour économiser du temps et de l'énergie à l'avenir !

Et enfin, même si ces techniques auront un excellent résultat, il est nécessaire de savoir quand demander de l'aide, certaines situations nécessitent des compétences et des dons spéciaux et il y a beaucoup de travailleurs de Lumière dont la Mission est... exactement... de vous aider. Laissez-les faire le travail pour lequel ils sont venus ici.

*Note : Dans les sections suivantes, nous vous invitons à écrire des notes sur vos expériences et à explorer les astuces. Notre rôle est de vous aider à aller plus loin et à transformer ces sections en actions spécifiques et réalistes que vous pouvez manifester. Ces notes vous montreront également les techniques qui fonctionnent le mieux et celles qui se sont avérées efficaces pour vous.*

*Sachez aussi que ces techniques se divisent en 3 étapes que vous pouvez explorer un peu plus dans les annexes :*

| Étape 1 : Avant / préparation / entraînement | Étape 2 : Que faire en cas d'intrusion* | Étape 3 : Après l'évènement ou l'intrusion |
| --- | --- | --- |

# 1. Connaissez un peu mieux vos corps énergétiques !

Tout d'abord, il est important de comprendre et d'identifier le problème que nous vivons avec la compréhension des différents corps énergétiques. Il existe certaines techniques qui peuvent aider à identifier si nous avons des implants et des nuisances et où ils sont placés, mais d'abord, nous pouvons commencer par développer une sensibilité et une meilleure compréhension des corps énergétiques[12].

Il existe plusieurs approches et classifications en ce qui concerne les corps énergétiques, à titre d'exemple, nous citons la classification selon les systèmes des chakras, le système des méridiens selon la tradition chinoise, le système de grilles entourant le corps, les différents corps selon les enseignements de l'Égypte ancienne et les corps subtils.

La classification selon les Corps subtils est très intéressante, car elle montre l'impact des attaques et des nuisances sur la personne sur le :
1. Corps physique.
2. Corps éthérique, c'est le plus proche du corps. Il représente la vitalité.
3. Corps émotionnel ou astral.
4. Corps mental.
5. Corps causal : souvenirs antérieurs, nos traumatismes.
6. Corps bouddhique ou supra-mental : vibration spirituelle élevée.
7. Corps divin.

Un autre système est la classification par chakras, ceux que je (OI) perçois sont un peu différents des chakras classiques, et cela montre l'évolution

---

[12]Sylvain Lauzon, thérapeute et enseignant à l'Académie, partage des informations pertinentes sur le corps éthérique, comment le nourrir et le protéger. Retrouvez ce programme ici : www.ouassimagik.com

de notre vibration et notre perception de la réalité en même temps. Ce système comprend[13] :

1. Chakra Porte des étoiles

Rôle : Connecter le corps physique au corps de lumière, à la source d'où l'individu vient, aux Rayons/Planètes d'origine, permet de communiquer avec les autres planètes. Ce chakra transcende toutes les limites de temps et d'espace. Il nous connecte à des fréquences qui vont au-delà de notre capacité physique et permet de descendre ces fréquences/vibrations à un niveau plus confortable pour nous.

2. Chakra Étoile de l'âme

Rôle : Il devient très actif lorsque la personne accepte sa mission, ses mandats. Il permet d'accéder seulement à l'information qui va nous servir. C'est à travers ce chakra qu'on peut accéder aux mémoires akashiques. À travers ce chakra, on a conscience de notre connexion à la lumière (du Un), de notre pouvoir divin, et de la richesse de notre expérience comme âme.

3. Chakra Causal

Rôle : Il est connecté à la Lune et absorbe l'énergie féminine pour la descendre tout au long de notre corps énergétique. Il nous reconnecte avec les différents aspects du Féminin, aux valeurs d'amour, de compassion, d'équilibre (entre le masculin et le féminin).

4. Chakra de la Couronne

Rôle : Capter les vibrations élevées, les connaissances cosmiques (codes) nécessaires pour nous aider dans nos mandats de vie. Quand il est complétement activé, il reçoit la guidance de notre âme pour devenir Co-Créateur, à ce niveau, la personne revient au centre et suit la guidance intérieure et non extérieure. Demande d'être responsable et sage pour appliquer ces connaissances pour le meilleur de tous.

5. Chakra Troisième œil

Rôle : Le $3^e$ œil n'est plus seulement un rayon X pour voir l'au-delà, mais dans la $5^e$ Dimension, il devient un outil de magicien pour créer sa réalité, la visualiser et la projeter dans la vie matérielle, mais aussi un capteur de connaissances et de codes puissants. Le $3^e$ œil n'est pas le même tout au long de notre ascension, il est mis à jour (comme plusieurs autres chakras)

---

[13] Tiré du coffret : Guérison Shamanique avec les Roses et les Fleurs sur le site www.coremagik.com

au fur et à mesure, il est enlevé et remplacé par une version plus avancée en quelque sorte.

### 6. Chakra de la Gorge

Rôle : Un miroir de notre pouvoir, un autre centre de manifestation avec le Verbe. Ce chakra se trouve dans un endroit restreint du corps, petit et délicat : le cou ! Mais c'est un centre énergétique très puissant. Dans toutes les mythologies, religions et voies mystiques, le son sacré prend une place importante dans les cérémonies et prières, la guérison. Il permet de changer l'état d'être, d'influencer grandement la matière et les autres. Pour les travailleurs de lumière, il permet de communiquer/transmettre les enseignements de la nouvelle Terre (Channeling, langage de lumière)

### 7. Chakra Thymus

Rôle : Lien entre le pouvoir du cœur et le pouvoir du mental, l'équilibre entre Féminin et Masculin; un centre très délicat, mais très puissant et qui n'est pas activé pour tous encore. Il diffuse la beauté, l'amour et la bienveillance dans tous les corps. Après sa stabilisation, en collaboration avec le 3$^e$ œil, il projette les désirs du cœur / âme sur un écran pour lui donner vie lorsque le corps de lumière est rebâti, afin de manifester la nouvelle réalité du Nouveau Monde.

### 8. Chakra du cœur

Rôle : Le berceau de notre Essence, le centre de l'Univers. Il est l'Infinité. Ce chakra est notre exemple vivant et présent de la Source, il nous connecte à la Conscience Christique, l'Amour Universel et Inconditionnel. C'est un des 3 centres par lequel commence l'Ascension : l'activation du Cœur. C'est à partir de là que certains commencent à ressentir l'énergie dans leurs mains et se rappellent les pratiques thérapeutiques comme le Reiki, afin de passer l'Amour aux autres.

### 9. Solar Plexus chakra / Chakra du Plexus solaire

Rôle : Dans la cinquième Dimension, ce centre de pouvoir énorme œuvre comme un centre de transformation et de transmutation. Dans la troisième Dimension, il capte les émotions autour de l'individu, comme un moyen de savoir ce qui se passe; il en envoie aussi. Cela dit, il est important de nettoyer ce centre des liens karmiques, des émotions stagnantes, pour le laisser prendre tout son pouvoir. Il rappelle le pouvoir du soleil qui peut aller au-delà des limites du temps et l'espace. Son moteur est les émotions.

### 10. Chakra du Nombril

Rôle : Connexion avec le Un, sous ses différentes formes. Le sentiment de séparation s'efface pour laisser place au sentiment d'appartenance, d'empathie et de connexion aux autres. Connexion aux ancêtres et sentiment de faire partie de l'humanité, de la vie. Amène à agir en compassion, en collaboration et en conscience.

11. Chakra Sacré

Rôle : Lié à la sexualité et la créativité. Ce centre demande à notre époque un grand nettoyage karmique, un travail sur soi pour se libérer du passé et retrouver ses pouvoirs. En expansion, il aide à voir les liens d'une plus grande perspective, à construire/attirer des liens basés sur l'amour, l'acceptation et le respect de l'individuation, l'harmonie, la joie. C'est aussi le centre de la création sous toutes ses formes.

12. Chakra de la base

Rôle : Centre d'incarnation physique, de début d'ancrage et de maîtrise de la vie sur Terre. Là où le Sacrum se trouve, le début de toute chose, le cœur de la mémoire humaine, ancestrale. Nous ne sommes qu'à un infime pourcentage de connaître le vrai rôle de ce centre. Son rôle entre autres est d'incarner le Moi Supérieur, le Dieu sur Terre en y rappelant la joie, la confiance et la foi. Au début de l'ascension, ce centre transforme nos mécanismes de vie : on transmute toutes les basses énergies pour que la lumière pénètre dans la matière, pour qu'on puisse se relier à la Terre, retrouver un sentiment d'appartenance à la Terre elle-même; On se rappelle certaines mémoires de la vie humaine et ancestrales (appelées vies antérieurs) pour dépasser certaines expériences difficiles et générationnelles, et évoluer.

13. Lien christique/cristal

Rôle : Connection à sa vie terrestre, démontre le pouvoir personnel, il y a les mains du magicien, mais aussi les pieds du magicien qui l'amène vers sa destination. Un lien très puissant qui agit comme un circuit de transmission et transformation d'énergie, qu'elle soit intense, basse ou dense (lors de la purification) ou lumineuse. Souvent oublié, ce lien est relié au chakra des chevilles, un centre longtemps coupé chez les individus souffrant de traumas ou qui ont besoin d'être connectés à leurs origines célestes (lumière de cristal/christique).

14. Chakra Étoile de terre

Rôle : Ce centre, sous forme d'étoile en-dessous des pieds, aide à être connecté non seulement à la planète Terre, mais à tout le cosmos, ce qui renforce le sentiment d'appartenance et de connexion à la terre, à son corps, et à toute chose. Ici, l'incarnation est totale et complète, on comprend le sens de toute chose, de chaque évènement. À son apogée, ce chakra symbolise la Maîtrise et la sagesse incarnée, l'unité en haut, comme en bas. C'est une autre porte dimensionnelle qui ouvre ses portes aux magiciens et prêtresses.

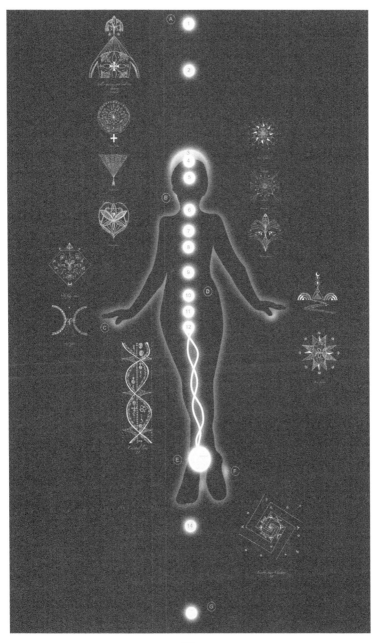

Et enfin, les anciens Égyptiens définissent les différentes parties de l'âme comme :

- Khet ou le « corps physique »
- Sah ou le « corps spirituel »
- Ren ou le « nom, identité »
- Ba ou la « personnalité »
- Ka ou le « double »
- Ib ou le « cœur »
- Fermer ou « l'ombre »
- Sekhem ou le « pouvoir, forme »

*Les différentes couches qui nous forment sont similaires à la structure d'un oignon. Nous essayons de définir ces différents niveaux, mais nous n'avons pas toutes les informations à leur sujet, c'est dans cette perspective que nous pensons que toutes ces classifications se chevauchent et se complètent jusqu'à ce que nous soyons suffisamment prêts pour avoir une vision globale de qui nous sommes !*

**Exploration :**
- Que savez-vous de vos différents corps ?
- Quelle structure ou classification vous parle le plus ?
- Que pouvez-vous faire pour en savoir plus à leur sujet ?

_____

_____

_____

_____

_____

_____

## 2. Réfléchissez et remettez-vous en question

Il y a des malédictions :

- Que nous sont infligés par les autres,
- Ceux que nous nous infligeons à nous-mêmes,
- Mais aussi, ceux que nous infligeons aux autres par nos paroles et nos pensées.

Si l'on se concentre sur certains évènements, une discussion qui a « mal tourné », sur ce que « nous avons fait ou nous a été fait », nous risquons de comprimer nos émotions, de baisser notre taux vibratoire ce qui attire des énergies similaires, nous entrons ainsi dans une boucle qui tourne en rond et qui amène encore plus bas, à moins que nous décidions de briser le cercle vicieux et **d'augmenter les vibrations... c'est le moyen le plus naturel d'éliminer les intrusions d'énergie et de couper avec des « malédictions » et des sorts.**

De plus, soyez conscient des attaques que vous envoyez aux autres, même si vous sentez que c'est justifié de le faire. Attaquer une autre personne apporte du Karma et ce n'est pas quelque chose que vous voulez continuer. Cela diminue également vos vibrations, ce qui vous rendra plus vulnérable.

Il y a une ligne fine entre attaquer quelqu'un et se défendre. Lorsque vous vous défendez, vous ne devez pas vouloir nuire à l'autre personne et vous devez simplement faire ce qu'il faut pour arrêter l'attaque.

**La meilleure forme de défense est d'utiliser la lumière et l'amour.**

*Remarque* : Lorsque vous vous sentez attaqué, il est tout à fait approprié de demander de l'aide à vos guides spirituels et à vos Êtres célestes. Ils ne vous aideront pas à moins que vous ne le demandiez, mais une fois demandé, ils peuvent vous fournir beaucoup d'aide. Demandez-leur leur aide pour voir que c'est votre rôle dans la situation, que c'est votre responsabilité et comment corriger votre posture intérieure et être plus aligné.

***Exploration :***

- Comment sont vos pensées envers vous-même et les autres ?
- Pardonnez-vous facilement aux autres ?
- Qu'est-ce qui peut vous aider à observer et surveiller vos pensées ? Peut-être écrire, avoir une séance avec un thérapeute, la méditation ?

## 3. Focus sur la beauté

Voyez-la en soi et chez les autres...

Développer une vision plus optimiste et joyeuse de la vie est un choix conscient et parfois difficile à faire compte tenu des programmes habituels de « drame et basses fréquences ». Nous devons nous discipliner pour voir le monde différemment. Du fond du cœur et non mécaniquement, un effort honnête à faire, une image à visualiser, une phrase à dire, chaque jour apporte de grands avantages à long terme sur l'énergie de la personne.

***Exploration :***

- Qu'est-ce que vous considérez comme beau ?
- Êtes-vous entouré de beauté ?
- Trouvez des images qui représentent la beauté et créez un Tableau de visualisation en les utilisant ?

## 4. Demander de l'aide

Demandez de l'aide à votre équipe de soutien et à vos amis magiques : anges, archanges, dragons, licornes, fées, etc. Soyez clair dans votre demande et ayez confiance.

Demandez à mettre en évidence, à transmuter et supprimer ce qui ne vous appartient pas, toute zone d'ombre, les chaînes négatives ou les connexions malveillantes, les pensées noires. Visualisez qu'ils prennent tout et les mettent au « broyeur angélique ». Demandez-leur de vous protéger de toute attaque psychique et de vous montrer clairement les personnes en question (pour prendre des décisions concernant vos relations et comportements futurs). Demandez de la sagesse et de la compassion pour décider des prochaines étapes de vos relations.

Soyez confiant et reconnaissant lorsque vous faites vos demandes.

*Exploration :*

- Est-il facile pour vous de demander de l'aide ?
- Qui est là pour vous aider ? Faites-vous confiance à l'aide que vous recevez ?
- Comment pouvez-vous trouver en qui vous pouvez avoir confiance ?

_____
_____
_____
_____
_____
_____
_____

## 5. Faites le travail ! Faites le travail !

Libérez-vous des limites par vous-même ou de préférence avec des thérapeutes pour certaines situations difficiles (chirurgie éthérique, etc.). Ne restez pas dans les vieux scénarios, c'est du « terrorisme énergétique » quotidien ! Si vous abordez un problème, faites-le en GRÂCE, ne répétez pas les mêmes phrases : cela m'a été fait, j'étais ceci, j'en ai souffert. Etc. Lorsqu'un traitement est terminé, passez à l'expérience suivante... ou approfondissez votre compréhension du sujet pour aider les autres !

*Exploration :*

- Quel est le discours négatif qui continue à se répéter en vous ?
- Imaginez-vous quand vous êtes complètement libéré de la programmation négative, que pouvez-vous être et faire ?
- Comment pouvez-vous développer une attitude positive envers vous-même et une image positive de ce qui se passe dans votre vie ?

_____
_____
_____
_____
_____
_____
_____
_____
_____

## 6. Comprendre la peur et la transmuter

Dans le livre Manuel Pratique d'Ascension, j'ai donné à la peur un autre nom, car l'énergie même du mot avait une résonnance négative. Dans le livre je partageais que plus vous nourrissez la peur, plus vous donnez de pouvoir à des croyances et des scénarios dignes d'Hollywood ! Plus vous avez peur, plus vous donnez votre pouvoir à cette peur !

*Exploration :*

- De quoi avez-vous peur en ce moment ? D'où vient cette peur ?
- Apprenez à affronter vos peurs avec compassion, sachez que seule une partie de vous a peur et non tout votre Être.

Tout votre Être est complet et lumineux, la peur représente des besoins profonds non comblés, alors apprenez à l'écouter et à combler ces besoins et la peur n'aura plus lieu d'être. **La clé c'est l'écoute profonde.**
Quels sont les besoins de la peur que vous ressentez en ce moment ?

_____
_____
_____
_____
_____
_____
_____
_____
_____
_____
_____
_____
_____

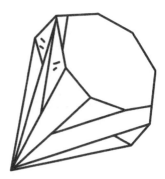

## 7. Rappelez-vous que vous êtes courageux et fort !

Ne croyez pas que vous êtes plus faible que ces « malédictions, sorts, implants », c'est précisément ce qu'ils veulent vous faire croire, mais ne tombez pas dans le piège !

Vous avez un grand pouvoir intérieur, connectez-vous à votre héros intérieur, au Dieu et à la Déesse que vous êtes, souvenez-vous des évènements auxquels vous avez été confrontés dans votre vie et reconnaissez le courage qui vit en vous et qui vous a aidé à les traverser.

*Exploration :*

- Vous souvenez-vous de certains évènements de votre vie où vous avez démontré votre courage ?
- Connectez-vous au super-héros que vous admiriez quand vous étiez enfant, de quelle manière vous a-t-il inspiré ?
- Maintenant, connectez-vous au super-héros que vous êtes. Imaginez quels pouvoirs vous pourriez avoir.

_____
_____
_____
_____
_____
_____
_____
_____

# 8. Apprendre et respecter les Lois Cosmiques

Sans eux, vous ne comprendrez pas la vie et comment elle fonctionne !

***Exploration :***

- De l'exploration des lois cosmiques dans le chapitre précédent, lesquelles raisonnent le plus avec vous ?
- Lesquels voulez-vous mettre en œuvre le plus dans votre vie ?

_____
_____
_____
_____
_____
_____
_____
_____
_____
_____
_____
_____
_____
_____

## 9. Devenir Souverain

Ne vous laissez plus porter ou influencer par des énergies qui entrent en conflit avec vous : dites votre vérité, ressentez votre propre pouvoir, ne tombez plus dans le drame, faites attention à vos pensées, soyez conscient des systèmes de manipulation, soyez sage et reconnaissez votre sagesse. Remplissez votre espace intérieur, **arrêtez de vous faire petit dans votre propre espace intérieur.**

*Exploration :*

- Ressentez-vous votre Souveraineté ? La manifestez-vous dans votre vie quotidienne ?
- Dans quel domaine avez-vous besoin d'être plus souverain ?

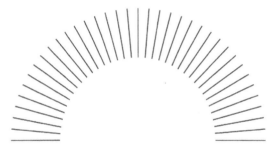

## 10. Rappelez-vous : La vie sur terre n'est pas simple

Croire que la vie est un long fleuve tranquille, s'assurer avec des assurances et des biens ne nous épargnera pas les expériences que nous allons vivre... mais :

- Demandons l'aide des différents Êtres qui sont là avec nous
- Développons une forte confiance en notre pouvoir d'adaptation et redécouvrons ce que signifie la « sécurité intérieure »
- Développons un lien avec l'au-delà, car la vie ne se termine pas avec la mort de notre corps physique...
- Croyez que le soutien divin est disponible pour nous.

*Exploration :*

- Quelles sont vos attentes sur la façon dont la vie devrait être ?
- Quels sont vos outils pour faire face aux défis de votre vie ?

## 11. Attaques de retour avec amour et compassion

Si vous êtes conscient d'une attaque psychique, enveloppez-vous dans la Lumière qui vous habite et créez des miroirs qui renvoient les énergies négatives avec amour et compassion, en souhaitant que le tout soit transmuté. Ne souhaitez pas la même chose à ceux qui vous font du mal, sinon il n'y aura pas de différence entre vous et eux ! Soyez différents, compatissants, sages et matures !

***Exploration :***

- Quand ressentez-vous l'énergie de l'Amour ?
- Comment pouvez-vous nourrir cet Amour en vous ?

## 12. Visualisation créative

Utilisez votre imagination pour trouver l'harmonie en vous. Par la respiration, vous pouvez par exemple vous remplir et vous entourer d'une couleur relaxante et purifiante, j'utilise par exemple le Rayon Blanc, le Rayon Bleu Clair pour purifier les pensées, le Rayon Rose Clair pour se reconnecter à l'amour divin, etc.

- Visualisez votre colonne vertébrale remplie de lumière
- Invitez « l'Énergie cosmique de l'âme » dans votre espace.
Apprenez-en plus dans le programme dédié à cette approche sur le site Web de l'École.
- Avec l'aide de vos alliés/guides (toujours !!) identifiez et visualisez les intrusions, libérez-les : voyez et regardez depuis un lieu de confiance, de lumière et d'amour.
Quand c'est fini, remplissez votre corps avec la couleur qui vient avec votre chemin, ou la couleur de votre choix, prenez le temps de remplir avec cette couleur complètement et totalement, peut-être que vous allez avoir des mots qui viennent avec cette couleur : amour, lumière, confiance, guérison ou autre... Soyez réceptif !
Remplissez votre corps de ce mot, en le répétant plusieurs fois...

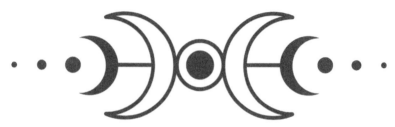

# 13. Identifiez ce qui vous appartient

Ces pensées et émotions vous appartiennent-elles ? Idées noires, colère soudaine, mélancolie, tristesse, etc. Ces changements d'humeur, ces tensions dans le corps physique sont-ils apparus soudainement après une réunion ou une visite quelque part ?

**Levez-vous, secouez-vous, bougez pour changer les pensées et les énergies.**

Votre empathie vous joue-t-elle des tours ? Êtes-vous hypersensible et ressentez-vous ce que les autres traversent ? Vous devez être conscient des changements qui se produisent dans vos énergies et vos corps, cela vous oblige à être dans le moment présent. Vous pouvez apprendre certaines techniques de purification et d'harmonisation pour vous libérer des énergies des autres. Vous n'avez pas à traîner cela avec vous pendant des jours ou des mois.

*Exploration :*

- Comment pouvez-vous mieux remarquer le changement d'énergie dans votre corps ?
- Que faites-vous déjà pour nettoyer votre énergie sur une base régulière ?

*Note* : Nous vous suggérons d'utiliser l'Oracle « *Nest of Light* » qui contient environ 50 techniques de nettoyage et d'harmonisation comme le manteau protecteur, l'Armure d'Or, elles sont pratiquées par des thérapeutes et des spécialistes de l'énergie à travers le monde. Découvrez les meilleures techniques qui fonctionnent parfaitement avec les techniques de ce livre.

_____

_____

_____

_____

## 14. The Sun!

Exposez votre peau et tout votre corps au soleil, c'est l'un des meilleurs alliés/guides pour élever les vibrations (attention pas à midi et pas quand il fait 40 degrés !), ce n'est pas pour rien que l'héliothérapie a été créée : la thérapie par le soleil - une pratique médicale née au début du XXe siècle ! Le Soleil aide non seulement notre système immunitaire, mais il a un impact ÉNORME sur nos énergies. Soyez au soleil pendant seulement 20 minutes avec la peau la plus exposée et voyez l'effet par vous-même sur votre humeur !

Utilisez également la lumière du soleil et son énergie pour nettoyer vos objets de protection sacrés et spirituels comme des cristaux, des colliers et autres.

Nous vous suggérons de mesurer votre niveau d'énergie avant et après avec le pendule comme expliqué dans les chapitres précédents pour voir l'effet réel de cette approche (et même les autres approches), cela va vous montrer le résultat concret et renforcera votre confiance dans l'approche.

## 15. Avoir un espace dédié aux Esprits

Votre maison est un miroir de votre vie et de vos croyances. Ayez un espace dans votre maison dédié aux Esprits, à Dieu, à la Source, à vos principes spirituels tels que le Tao, le Chemin de la Rose, etc. Cela renforcera vos croyances et votre confiance.

Consacrer quelques minutes à cet espace pendant la journée **permettra à la Chaleur de Vie et à la Lumière de trouver le chemin de votre cœur et de votre vie quotidienne.**

Cet espace n'a pas besoin d'être grand ou chargé d'objets spirituels, mettre une photo, un texte, une bougie, des objets de la nature tels que des plumes, des pierres est suffisant.

*L'autel est un lieu privilégié, un lieu où nous nous connectons à notre dimension spirituelle la plus élevée et aussi où nous pouvons faire appel aux alliés/guides. Il fonctionne comme une ancre à l'intérieur de soi.*

**Exploration :**

- Quel serait le meilleur endroit pour placer votre autel ?
- Que mettriez-vous sur votre autel ?

_____
_____
_____
_____
_____
_____
_____

## 16. Tous les jours !

La protection énergétique ne se fait pas APRÈS l'attaque, c'est un travail de « **MAINTENANCE DE VIBRATION** » qui doit être fait **TOUS LES JOURS** !

Vous pouvez être proactif et cultiver une vibration élevée et un espace où il n'y a pas de place pour la négativité.

Quand j'ai su que j'avais la maladie de Lyme, j'ai dû étudier le comportement des bactéries entre autres; j'ai découvert que leur force ne réside pas dans la quantité, mais dans l'approche, car elles envahissent leur hôte petit à petit, jour après jour.

C'est l'approche idéale pour la survie, les abeilles et les fourmis utilisent cette approche ! Apprenons de ces Êtres et cultivons cette technique jour après jour, petit à petit.

*Exploration :*

- Qu'est-ce que vous pouvez développer comme habitude quotidienne pour vous nourrir et nourrir votre énergie ?
- Qu'est-ce qui peut vous aider à maintenir cette habitude ?

_____
_____
_____
_____
_____
_____
_____

## 17. Prier !

*Vous ne pouvez pas être séparé de la Source, de Dieu ou de l'étincelle de vie qui vous habite.*

*C'est votre croyance en la séparation qui peut ouvrir les portes aux nuisances psychiques*

*Oui, priez, demandez ou commandez l'Univers, le Créateur, Dieu, tout en ressentant de la gratitude pour ce que vous avez et ce que vous êtes.*

Lorsque nous faisons une prière, nous communiquons avec l'essence même de la vie, le Créateur/Créatrice, le Dieu, la Source, et comme base de toute communication, nous avons besoin des Paroles, de la Voix.

Les mots clarifient, et mettent de la lumière sur notre besoin le plus profond, lui donnent la vie, le pouvoir.

Voici une petite prière que j'ai reçue dans le cadre du programme « L'art de la prière alchimique » :

Cher Dieu, Univers, Créateur (à toi – nomme ce qui est grand et en quoi tu crois) _____

Je demande aujourd'hui que ma vision soit claire,

Mettez de la Lumière dans mon cœur, afin que je puisse savoir

Mettez de la lumière dans mes yeux, pour que je puisse voir

Mettez de la lumière dans mes oreilles pour que je puisse entendre

Mettez de la lumière dans ma gorge, afin que je puisse dire LE MOT

Soyez en moi et autour de moi et rappelez-moi ma lumière

C'est fait.

*Répétez 3 fois*

Vous pouvez utiliser d'autres prières que vous pouvez adapter, votre bagage culturel vous fournira sûrement des prières qui ont été utilisées pendant des milliers d'années. Certains ont un effet libérateur, d'autres ont un effet « pesant » ressentez-les, écoutez votre cœur :

- Quelle prière permet-elle de verbaliser la PAROLE ?
- Les prières éveillent-elles la peur en vous ? Lesquels apportent un soulagement ?

# 18. Nettoyer

C'est le moment de trier vos vêtements, de nettoyer votre espace, de laver la vaisselle, le sol, de vous libérer de toutes les choses encombrantes. Les objets ont aussi une mémoire et certains peuvent vous nuire. Je me souviens du jour où j'ai acheté un article dans une friperie, dès la première nuit, j'ai commencé à faire des cauchemars. Je me suis posé la question : qu'est-ce que j'ai ramené dans ma vie ? Les rêves effrayants ont disparu dès que je me suis débarrassée de l'objet « maudit » !

Je vois aussi des masques africains dans la maison de certains clients, et cela me surprend, car les anciens masques apportés d'Afrique sont habités par des esprits ! C'est comme ramener une boîte pleine de fourmis ou d'autres insectes à la maison et l'accrocher au mur parce que c'est assez beau !!!

Ces esprits sont vivants et puissants, certains sont bienveillants et d'autres malveillants. Certains masques ont des « sorts » pour repousser certains esprits ou pour « attaquer » des clans ! S'il vous plait, laissez ces masques dans leur tribu !

L'eau est un puissant allié de purification et de connexion et facilement accessible pour vous ! Utilisez de préférence de l'eau froide avec du sel et de l'eau de rose. La sauge peut également aider à purifier les énergies de l'endroit, mais utilisez des plantes locales comme le romarin, la lavande, la sauge, etc.

*Exploration :*

- Quels meubles ou articles devez-vous retirer de votre maison maintenant ?
- Comment pouvez-vous rendre votre espace plus propre ?

## 19. Écrire

Mettez tout par écrit ! Ce que vous ressentez, pensez, ...

*Il est important de trouver une Union à l'intérieur, car les attaques psychiques sont liées au principe de dualité, de manque et de séparation.*

Cette union commence par une discussion claire et honnête avec soi-même, grâce à l'écriture, vous créez un univers sûr où vous pouvez partager avec vous-même ce qui tourne (pas rond) à l'intérieur, afin de percevoir, guérir et Unir.

_____
_____
_____
_____
_____
_____
_____
_____
_____
_____
_____
_____

## 20. Passez du temps avec vos cartes

Faire des tirages pour vous-même, vous donne la possibilité de vous retrouver dans un espace intérieur où vous pourrez travailler sur l'aspect des Attaques psychiques, voici quelques exemples de tirages et de questions que vous pouvez explorer avec vos cartes :

**Je ferme les portes**

- Y a-t-il des portails/trous ouverts dans mon espace énergétique en ce moment ?
- Qu'est-ce qui a déclenché ces ouvertures ?
- Comment puis-je les fermer ? Qu'est-ce qui peut m'aider à les fermer ?

**Mon espace !**

- Quel est l'état actuel de ma relation aux autres ?
- Quelles limites dois-je mettre pour protéger mon énergie et mon espace des autres ?
- Comment puis-je renforcer mon lien avec moi-même ? Et mon lien avec la Source ?

**Mon espace dans la société !**

- Comment puis-je cultiver mon espace intérieur et le protéger dans une société qui exige de plus en plus de moi ?
- Comment puis-je retrouver mon pouvoir ?

**Bonus – Rituel spécial de mini-protection -Tarot**

Placez une carte de votre jeu de Tarot -qui vous représente - au centre et mettez une carte de protection dessus, voici un exemple :

- Une carte qui vous représente : Le roi ou la reine de bâtons par exemple.
- Une carte de protection :
    1. La carte du monde pour la protection offerte par les esprits (roue de médecine),
    2. La carte Force pour apprivoiser les implants et autres nuisances et vous en libérer,
    3. La carte as d'épée pour couper les cordons et contrer les attaques,
    4. L'as de Pentacles pour protéger les biens matériels, etc.

_____
_____
_____
_____
_____
_____
_____
_____
_____
_____
_____
_____
_____

## 21. Faites appel aux Dragons

Les dragons sont des Êtres qui peuvent vous aider ! L'énergie des dragons est très puissante, et leur travail peut prendre quelques minutes, voire quelques heures, mais il vous est possible de voir les effets réels de leur présence et de commencer à travailler avec eux immédiatement. Nous pouvons faire appel à des dragons pour nettoyer l'espace autour de nous, les chakras ou même certaines parties du corps qui ont besoin de plus d'harmonie.

Les dragons ont un grand pouvoir protecteur, faites appel à eux pendant votre sommeil ou lorsque vous entrez dans un endroit à faible vibration et remarquez l'effet !

_____
_____
_____
_____
_____
_____
_____
_____

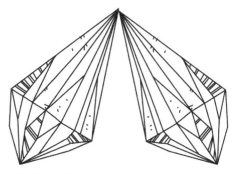

## 22. Géométrie sacrée

Parmi les formes que nous utilisons, vous trouverez le cube Métatron qui est l'un des symboles de la géométrie sacrée. Il est obtenu en reliant tous les centres des sphères du Fruit de Vie et superpose l'ensemble des solides platoniciens et la Merkabah. Ce symbole serait un moyen pour le Divin de transmettre sa connaissance et était utilisé pour se protéger des entités négatives.

Vous pouvez vous visualiser à l'intérieur du cube Métatron et il agira alchimiquement, vous pouvez le mettre autour de la pièce que vous souhaitez nettoyer ou protéger. Ce symbole est lié à des Êtres puissants tels que l'Archange Métatron. En visualisant ce symbole, vous vous connectez à cet Archange afin qu'il puisse augmenter votre taux vibratoire et vous aider à transmuter toute vibration basse.

Nous (Chris & Maggie) utilisons actuellement à la fois une sphère et un dodécaèdre pour la protection. Nous avons été initiés à un type différent de protection par les formes géométriques lors de l'écoute d'un podcast du projet d'éclairage mondial. Dans ses séances de guérison, Chris Macklin utilise une protection de 27 Merkabah autour des gens. Le nombre 27 est un nombre important (3 x 9) et il met une forte protection autour de la personne.

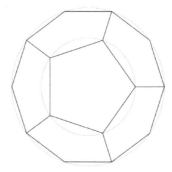

Nous avons demandé à nos guides comment la protection de la Merkabah se compare-t-elle au dodécaèdre que nous utilisions auparavant ? La réponse que nous avons reçue était que le dodécaèdre est une forme plus primitive qui convenait à des formes d'attaque plus régulières. Le dodécaèdre est un tremplin, et nous utilisons les outils qui nous ont été fournis. Nous progressons dans l'échelle et maximisons l'utilisation des outils que nous connaissons avant de passer au niveau suivant. Au fur et à mesure que nous élevons notre vibration, nous aurons besoin de formes géométriques plus complexes.

**Protection lorsque vous travaillez avec des clients**

En tant que Travailleurs de Lumière, nous sommes également vulnérables aux effets de résonance avec la libération d'énergie d'un client. Afin de nous protéger de la résonance avec la libération d'énergie d'un client, le moyen le plus simple est de placer un octaèdre autour de nous, qui absorbe toute l'énergie libérée. Il peut absorber l'énergie et la dissiper afin qu'elle ne retourne pas dans l'atmosphère.

L'octaèdre peut être de couleur rose, avec un peu de lilas ; c'est une couleur apaisante très pâle. La couleur est pour la guérison, elle guérit le traumatisme de l'évènement passé, et elle l'absorbe, de sorte qu'il perd toute son intensité. L'octaèdre est placé autour de vous et forme une barrière entre vous et le client.

Beaucoup de nos clients opèrent dans un environnement toxique et il peut être utile de les entourer d'un octaèdre protecteur. La couleur utilisée pour remplir l'octaèdre dépendra de l'énergie que vous essayez de transmuter. Il n'est pas souhaitable de refléter l'énergie, car une énergie involontaire pourrait avoir un effet négatif sur la personne qui l'envoie inconsciemment.

Une autre technique plus avancée est enseignée à l'école où l'octaèdre est utilisé pour se connecter aux 6 directions et ensuite le remplir avec l'élément sacré « Eau ».

## 23. Trouvez quelqu'un en qui vous avez confiance pour vous aider !

Qui peut vous aider à identifier la source et la méthode de l'attaque psychique ? Peut-être : un thérapeute, un chamane, un ami de confiance, etc.

Demander de l'aide vous aidera à voir les choses d'un point de vue différent, et vous pourrez peut-être comprendre et même apprécier les leçons des attaques psychiques : ce sont des clés qui vous aideront à vous découvrir et à réajuster vos propres pensées et actions.

Je demande toujours aux gens qui pensent souffrir d'attaques psychiques : êtes-vous dans un état d'amour, êtes-vous compatissant envers vous-même et les autres ? Avez-vous, vous aussi, envoyé des pensées toxiques à quelqu'un d'autre ? Il est important de se rappeler que nous sommes aussi des « attaquants psychiques » sans nous en rendre compte nous-mêmes.

En tant que thérapeute, notre rôle est de rappeler au client de profiter de cette occasion pour revenir à « L'essence »... Nous ne nous considérons pas comme des victimes ou des défenseurs, mais plutôt comme des Êtres responsables de nos propres actions et gestes, en évolution constante.

Sachez que votre champ d'énergie, celui qui vous protège, a des portes dont vous seul avez les clés. Ces portes sont causées par des traumatismes, l'auto-dépréciation, le doute, la tristesse extrême et la dépression, etc. Alors, continuez à vous découvrir et à lâcher prise, à ÊTRE, à faire vibrer l'amour et à le transmettre sur votre chemin.

Si vous êtes un Être Étoile et un Faisceau de Lumière, ce type de travail est l'une des choses les plus importantes que vous puissiez faire pour vous-même.

Trouvez un thérapeute en qui vous avez confiance et qui peut vous faire économiser du temps, de l'argent et de l'énergie pour vous aider.

Si vous sentez l'appel, ce sera un plaisir de vous rencontrer et de vous accompagner dans ce voyage...

## 24. En savoir plus sur la Magie

Lorsque vous en apprenez plus sur vos dons et votre but dans votre vie, vous vous remplissez de Pouvoir, il vient de votre âme, et vous l'incarnez dans le plan physique. La magie ne concerne pas seulement les rituels, les pratiques occultes et les sorts, il s'agit de manifester vos dons à travers votre être, votre beauté, vos vibrations et puis... vient l'Action.

Avez-vous une passion qui vous aide à manifester votre être, peut-être à travers la danse, les chansons, l'art, le dessin, etc.

Nous utilisons l'art comme thérapie, pour transmuter les traumatismes et les laisser partir, mais que se passerait-il si vous utilisiez votre expression magique artistique de la beauté pour vous-même ? Cela augmentera votre vibration, car elle circule à travers votre corps physique, vos mains...

Si la danse vous attire : j'ai créé un Oracle, *Pour l'amour de la danse*, que vous pouvez télécharger gratuitement sur www.coremagik.com dans la section des oracles, pour vous inspirer à danser librement.

Si la peinture, le dessin ou le collage vous attire : vous pouvez vous abonner à un cours d'art mensuel ou commencer par explorer certaines techniques via YouTube. Vous n'avez pas besoin de beaucoup d'outils, rappelez-vous : ce qui est vraiment important, c'est de commencer et de maintenir. Apprenez les techniques, mais suivez le flo, fermez les yeux, entrez dans un état de conscience altérée où il n'y a plus de limite...

*Exploration :*

- Quelles activités vous rendent magique ?
- Quand pouvez-vous faire ces activités ?

_____
_____
_____
_____
_____
_____
_____
_____
_____
_____
_____

## 25. Restez à l'écart de ces influences

Certains facteurs augmentent la sensibilité des gens aux nuisances et influencent négativement leur corps physique, ce qui les rend super vulnérables. Parmi ces facteurs, je mentionne les éléments qui émettent des fréquences telles que les antennes et d'autres choses qui ont une vibration négative.

Nous oublions facilement que nous sommes des Êtres électriques, notre cœur fonctionne comme une batterie, nous avons des vaisseaux qui conduisent le sang/l'eau à travers nous et donc l'énergie et l'électricité également. Les cellules [14] dans notre corps conduisent l'électricité qui est nécessaire pour que le système nerveux envoie des signaux dans tout le corps et au cerveau. C'est ainsi que nous « bougeons, pensons et ressentons ».

En tant qu'Être électrique sensible, il y a quelques éléments à considérer :

**Fours à micro-ondes**

Le micro-ondes peut chauffer les tissus du corps de la même manière qu'il chauffe les aliments. L'exposition à des niveaux élevés de micro-ondes peut affecter les yeux et les organes sexuels qui sont particulièrement vulnérables au RF (radiofréquence).

Le cerveau est également l'un des organes les plus sensibles au rayonnement micro-ondes, où les dommages mitochondriaux se produisent plus tôt et plus gravement que dans d'autres organes.[15]

---

[14] https://www.graduate.umaryland.edu/gsa/gazette/February-2016/How-the-human-body-uses-electricity/

[15] Hao YH, Zhao L, Peng RY. Effets du rayonnement micro-ondes sur le métabolisme énergétique du cerveau et les mécanismes connexes. Mil Med Res. 2015;2:4. Publié le 17 février 2015. doi:10.1186/s40779-015-0033-6

L'énergie RF est à une fréquence élevée qui peut affecter directement le champ d'énergie humaine chez certaines personnes.

## Réseaux Wifi

Tous les équipements Wifi rayonnent de l'énergie dans la gamme 2,4 GHz et 5 GHz, les études sur le Wifi montrent qu'il provoque un stress oxydatif, des dommages aux spermatozoïdes/testicules, des effets neuropsychiatriques, y compris des changements dans l'EEG, l'apoptose, des dommages à l'ADN cellulaire, des changements endocriniens et une surcharge en calcium.[16]

## Téléphones portables

Ils émettent des radiofréquences, une forme de rayonnement électromagnétique non ionisant, qui peut être absorbé par les tissus près du téléphone. Les scientifiques avertissent les utilisateurs des effets nocifs sur la santé de l'utilisation du téléphone portable, ces effets comprennent les changements dans l'activité cérébrale, les temps de réaction, les habitudes de sommeil, et le risque de cancer du cerveau. Les enfants peuvent être plus à risque que les adultes à développer un cancer du cerveau à cause de téléphones mobiles. [17]

La dernière génération de téléphone mobile fonctionne à une fréquence beaucoup plus élevée que la génération précédente et des études récentes[18] ont montré qu'il peut être nocif pour la santé, il existe des milliers d'études scientifiques montrant des dommages à l'ADN, des dommages à la reproduction, des effets neurologiques tels que le TDAH et la maladie des radiations, qui semble être la manifestation la plus répandue des dommages des cellulaires.

Les preuves montrent des effets sur le cerveau, dont l'altération du flux sanguin et des dommages à la barrière hémato-encéphalique, des

---

Donald I. McRee (1974) Biological Effects of Microwave Radiation, Journal of the Air Pollution Control Association, 24:2, 122-127, DOI: 10.1080/00022470.1974.10469899

[16] Le Wi-Fi est une menace importante pour la santé humaine, Martin L.Pall. Washington State University, 638 NE 41st Avenue, Portland, OR 97232-3312, États-Unis. 21 mars 2018.

[17] Naeem Z. Risques pour la santé associés à l'utilisation des téléphones mobiles. *Int J Health Sci (Qassim)*. 2014;8( 4):V-VI.

[18] Le Défenseur • Défense de la santé des enfants (childrenshealthdefense.org)

problèmes cognitifs et de mémoire, un impact sur la qualité du sommeil, la production de mélatonine et les dommages mitochondriaux[19].

**FB, Instagram, etc.**

Les réseaux sociaux ont un effet destructeur sur le corps et l'esprit des humains ! L'aspect négatif comprend la dépendance, l'anxiété, la jalousie, les troubles du sommeil, les sentiments de solitude, la mauvaise estime de soi, et plus encore. En réalité, ce sont des usines à basse fréquence lorsqu'elles sont utilisées inconsciemment, elles offrent 20 % d'effet positif avec 80 % d'effet négatif. Cela rappelle étrangement les cigarettes !

*Exploration :*

- Que pouvez-vous faire pour protéger votre énergie ? Cela peut être de passer moins de temps sur l'ordinateur, d'utiliser certains outils comme « Earthing », de se connecter à la terre pour neutraliser toute charge dans le corps.
- Quelles sont les alternatives aux machines et outils électriques que vous utilisez à la maison ?

___

[19] Le stress oxydatif, un mécanisme de préjudice pouvant entraîner le cancer, des affections non cancéreuses et des dommages à l'ADN, a été découvert dans 203 des 225 études !

## 26. Faire un don

Ma grand-mère disait toujours : « Offrez un cadeau pour conjurer le malheur. »
Faire un don est considéré comme un acte pur de générosité et de bonne foi pour soutenir les personnes dans le besoin et améliorer la vie de la communauté. Mais, en réalité, c'est un acte de libération et de détachement conforme à la loi du mouvement. En offrant ce que nous avons, nous faisons de la place pour de nouvelles choses, nous montrons confiance et foi en l'avenir, et enfin, nous prenons conscience de notre connexion aux autres : je suis l'autre et donc je lui offre le meilleur de ce que j'ai. Nos vibrations montent en flèche avec cet état d'esprit ! Nous ne sommes plus dans une boule égocentrique ; nous nous ouvrons au monde et nous respectons le flux de la vie.

# 27. Invocations et affirmations

Nous avons parlé plus haut de la prière et de son impact ; les affirmations et les invocations personnelles sont d'autres outils superpuissants.

Plusieurs études scientifiques[20] montrent que les affirmations positives - avec respiration profonde - abaissent la pression artérielle systolique et diastolique chez les patients souffrant d'hypertension essentielle. Les affirmations positives affectent également de manière significative le niveau d'anxiété des mères qui sont prêtes à accoucher.[21]

*Les affirmations réduisent l'anxiété et nous rappellent que nous avons le choix,*
*Nous faisons appel à notre pouvoir personnel !*

*Nous avons le droit de décider ce qui relève de notre champ énergétique !*

*En affirmant haut et fort notre intention, nous lui donnons de la force.*

---

[20] Lestari, Andi D. P., et al. « Effet de la respiration profonde et de l'affirmation positive sur la pression artérielle dans l'hypertension essentielle. » Berita Kedokteran Masyarakat, vol. 33, no. 5, 2017, pp. 219-224, doi:10.22146/bkm.16845.

[21] L'effet des affirmations positives sur le niveau d'anxiété et la 2ème étape de la durée du travail. Rahayu, Esty Puji et Rizki, Lailatul Khusnul (2020) L'effet des affirmations positives sur le niveau d'anxiété et la 2e étape de la durée du travail. STRADA Jurnal Ilmiah Kesehatan, 9 (2). p. 900 à 905. ISSN 2614-350X

J'ai créé un Kit de 67 affirmations pour Hypersensibles et Conscients[22] et j'ai pigé ces cartes qui ont été dessinées pour vous :

- ***Aujourd'hui, j'ai l'intention d'être respecté***
- ***Aujourd'hui, j'ai de la gratitude pour toute expérience que j'ai eue et que je vis actuellement***
- ***Je suis un Être Sacré***
- ***Toujours, j'ai confiance en moi et en l'Univers***

J'aime aussi utiliser des invocations sous forme de conversation même si ça ne fait pas de sens parfois, l'objectif est d'arriver à la vérité de ce que je veux vraiment et de l'exprimer, voici un exemple :

*Aujourd'hui*

*Mon choix : où vais-je mettre mon énergie aujourd'hui ?*
*J'aime la simplicité, la fluidité*
*Je m'aime !*

*Quels sont mes rêves pour moi-même et pour les autres ?*
*Je refuse gracieusement les pensées qui ne sont pas les miennes, je n'ai pas à transmuter ce que les autres traversent. Je leur rends ce qui leur appartient.*

*Je prie le Grand Créateur, l'Un, de m'aider à me libérer de tout ce qui ne m'appartient pas, de me libérer de ce qui ne me sert pas, de me détacher des programmes d'autodestruction et des scénarios « dramatiques ».*

*Aide-moi à reconnaître l'ancien moi et à m'en détacher, aide-moi à écouter mon désir d'âme, mon cœur pur. Aide-moi à être optimiste pour mon avenir et celui de l'humanité. Aide-moi à me libérer du désespoir de la messe.*

*Je suis l'espoir, l'humanité est amour, l'humanité est compassion, l'humanité est beauté. Je permets la Lumière pure à travers moi, la lumière pure en moi, la lumière pure autour de moi, la lumière pure en moi, la lumière pure autour de moi, je suis la lumière et je permets à cette lumière de se renforcer et de rayonner en moi et autour de moi. Je brille dans ma propre vie, je m'inspire et inspire les autres.*

---

[22] Self Coaching Kit Pour Hypersensibles et Conscients

*Je permets à ma vie d'être un réseau d'optimisme, d'amour, de joie et de beauté. Je me permets d'être joyeux, je me permets d'être plus indulgent et plus doux avec moi-même, d'être heureux, joyeux, aimé et aimant...*

_____

_____

_____

_____

_____

_____

_____

_____

_____

_____

_____

_____

_____

# 28. Les Mantras

Les mots et les sons ont des vibrations, afin d'augmenter notre taux vibratoire, les mantras peuvent nous être très utiles. Un mantra est une phrase sacrée qui vient du verbe sanscrit « man » signifiant « penser » et de « trâna » signifiant « protection ». Un mantra est donc une formule mentale qui protège, une formule sacrée dotée d'un pouvoir spirituel, ils peuvent fonctionner de différentes manières. Le mantra est basé sur le pouvoir du son. Le son étant chargé d'une énergie, la vibration de cette dernière et sa résonance transforme l'environnement et la récitation.

Nous pouvons utiliser un mala, une sorte de chapelet à 108 grains, pour compter le nombre de récitations du mantra.

Les mantras peuvent appartenir à différentes spiritualités, ils n'ont pas besoin d'appartenir à une tradition particulière, et nous vous encourageons à utiliser celle qui résonne en vous et qui vient de votre tradition de naissance si possible.

Choisissez des mantras qui vous inspirent et résonnent en vous et répétez les 7, 21, 33, 40 ou 108 fois en utilisant un mala, ou en les chantant.

## Quand vous dites les mantras : Soyez dans le « Ici et Maintenant »

Parce que rien d'autre n'existe... Concentrez-vous sur l'Ici et Maintenant et répétez plusieurs fois : Je suis Joie, Je suis Amour, Je suis Puissant et Souverain...
Utilisez des mantras qui vous parlent personnellement, ceux-ci peuvent provenir de votre milieu culturel ou religieux, ou pourraient être ceux que vous avez appris en cours de route. Utilisez différents mantras et remarquez la différence en mesurant la fréquence avec l'échelle indiquée plus haut.

## 29. La méthode ultime d'Isis

Notre corps est composé d'énergies différentes : chaque organe et chaque endroit du corps ont une vibration différente et leur propre énergie.

Par nos pensées, nous envoyons des vibrations et des mots à ces endroits, certains bloqueront le bon fonctionnement de l'organe ou du lieu et d'autres augmenteront ses vibrations et donc son énergie.

Plus nous envoyons des pensées et des mots à un endroit, plus l'énergie se condense en bien ou en mal.

Voici un rituel qui a été inspiré par Isis, la magicienne et celle qui commande les Mots Magiques :

1. Demandez à Isis de mettre un voile sur vous, ce voile agit comme une sphère de protection, de guidance et d'énergie qui vous permet de travailler sur vous-même tout en ayant l'accord, la protection et la bénédiction d'Isis.
2. Demandez à voir les mots qui sont présents dans votre corps éthérique.
3. Passez votre scanneur intérieur : vous pouvez voir les mots, les entendre ou les sentir. Par exemple, je les ressens parfois comme une prison qui bloque le rayonnement de l'organe ou qui m'empêche complètement de rayonner, et cela vient avec un sentiment ou un souvenir du passé.
4. Demandez à Isis de vous aider à les désactiver, libérez-vous de tout mot qui résonne négativement sur votre corps. Voyez-les se

dissoudre, s'évaporer ou couler pour que la Terre Mère les absorbe. Prenez votre temps dans ce processus.
5. Demandez à Isis de vous inspirer avec un mot ou plus : vous pouvez le voir, le sentir ou l'entendre. Ce mot apportera l'énergie de votre organe en équilibre et en harmonie. Cela aura un effet réparateur.
6. Imaginez que ce mot remplisse complètement votre corps.
7. Répétez ce mot 10 fois, prenez votre temps pour le sentir pleinement.
8. Terminez ce rituel en remerciant Isis pour ses conseils, sa gentillesse et son soutien.
9. Écrivez ce mot sur un espace visible afin que vous puissiez encore sentir son énergie pour les prochains jours.

_____

_____

_____

_____

_____

_____

_____

_____

_____

_____

_____

_____

_____

## 30. Le Chant sacré

La voix est une rivière d'énergie de guérison qui coule du cœur, qui nous relie au Cosmos. Elle se propage comme des vagues et les Êtres humains, tels les animaux, la ressentent. Il est possible d'utiliser des vibrations sonores pour harmoniser et nettoyer notre espace intérieur et extérieur tel que le 528 Hz, mais aussi le son de notre propre voix.

Dans ma pratique (OI), mes alliés et guides me racontent des histoires à travers des chansons, ce sont des histoires qui viennent de loin, elles ont traversé le temps et l'espace pour revenir vers nous...

> *Je chante des histoires et ces histoires libèrent les gens...*

Ces chansons sont adressées :

- Au corps énergétique : relâcher, lâcher-prise, nettoyer
- Au cœur : ça le réveille
- À l'âme : Souviens-toi d'où tu viens
- Aux espaces et aux Êtres qui les habitent : racontez-leur l'histoire de la Terre, leur histoire, leur tristesse et leurs séparations, leurs souffrances et leurs espérances, rappelez-leur l'amour et la compassion.

Chanter n'est pas seulement un son émis, mais c'est l'écoute d'une histoire, c'est une discussion avec le temps, avec d'autres êtres, avec le Créateur/Créatrice...

Elle vient des profondeurs de mon être, je l'entends dans mon oreille interne, celle du cœur, le cœur qui se connecte à mes alliés/guides compatissants et bienveillants... Ces chansons ne sont pas planifiées, elles n'ont pas de rythme spécifique ou de ton, et aucun but artistique; elles ne dépendent pas de l'esprit...

Chantez et écoutez votre propre voix. Répandez-la, laissez couler le chant de votre âme qui est d'une grande puissance !

Je vous suggère d'essayer avec les voyelles : A, I, E, O, U pour entraîner votre gorge et vous habituer à votre propre voix. Tout en signant, essayez de respirer à partir du ventre, de la poitrine et de la gorge. Chaque respiration peut donner un ton différent. Expérimentez et jouez avec votre voix.

# 31. Cultivez et préservez votre espace intérieur

Les individus ne sont pas seulement envahis par des intrusions physiques ; ils se laissent envahir par :

- Messages publicitaires
- Informations et gadgets électroniques en utilisation constante
- Trop de travail, trop de distractions, trop de TOUT !

Voici quelques questions qui vous aident à identifier l'état actuel de votre espace intérieur :

- À quand remonte la dernière fois que vous vous êtes retrouvé seul en paix et que vous n'aviez rien fait ?
- Ou que vous vous êtes donné le temps de « prendre soin de votre esprit », de VOUS écouter ?
- Qu'est-ce qui vous épuise et vous rend vulnérable aux nuisances ?
- Comment est votre sommeil ? Vous permet-il de vous régénérer ?
- Consommez-vous du café à plusieurs reprises pour « suivre » ce rythme de vie frénétique ?
- Comment pouvez-vous simplifier votre vie et vos relations ?
- De quoi remplissez-vous votre espace intérieur ? Avec joie ou peur ?
- Vous poussez-vous au travail jusqu'à l'épuisement ?
- Placez-vous les besoins des autres au-dessus de vos propres besoins ?
- Avez-vous du mal à dire non sans vous sentir coupable ?

- Votre espace est-il désorganisé ?
- Quelles sont les croyances qui vous font du mal et viennent de « l'extérieur de vous » ?

Cultivez votre espace intérieur pour :

- Trouver un sens à votre vie,
- Cultiver la beauté à travers les arts,
- Vous connecter au sentiment de paix et d'harmonie,
- Rire de vous-même,
- Être honnête avec vous-même,
- Rechercher la qualité en tout au lieu de la quantité,
- Cultiver le silence,
- Ne pas donner aux gens un accès continu à vous-même et votre espace,
- Et enfin... pour développer un lien fort avec votre âme, votre essence, avec ce qui est plus profond en vous.

## 32. Le Un

Le Un c'est retrouver l'intégrité de son être. C'est retrouver les fragments perdus de soi-même, se pardonner et pardonner aux autres, cultiver les qualités supérieures de l'Être.

C'est sentir le Un à l'intérieur, au-delà des dualités...

***Exploration :***

- Que signifie l'Unité pour vous ?
- Qu'est-ce qui peut vous aider à vous sentir complet à l'intérieur ? Comment pouvez-vous vous libérer de l'illusion de la séparation ?

_____
_____
_____
_____
_____
_____
_____
_____
_____
_____
_____
_____
_____
_____
_____
_____

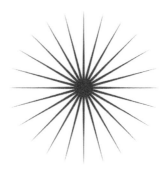

## 33. Respiration et relaxation

Exercices de respiration et de relaxation pour maintenir le flux et le mouvement de l'énergie en vous. Nous aimons les techniques de cohérence cardiaque, où vous avez 5 secondes pour respirer, 5 secondes pour retenir la respiration, 5 secondes pour relaxer et 5 dernières secondes pour retenir sans aucune respiration. Répétez 5 fois. Il existe des applications pour vous aider avec cette technique. Elle s'est avérée efficace pour diminuer les tensions et l'anxiété, et pour revenir à l'équilibre facilement et rapidement.

___
___
___
___
___
___
___
___
___
___
___

## 34. Les Anges !

Nous sommes entourés d'anges et d'archanges ! En fait, ils font partie de vous : faites-leur de la place en vous. Vous pouvez en apprendre davantage sur eux en tant qu'archétypes ou en tant qu'énergies avec lesquelles vous vous connectez. Ainsi, les cartes peuvent vous aider à vous connecter avec eux tels que Become an Oracle, Oracle of Angels, etc.

*Exploration :*

- Que signifie « Ange » pour vous ?
- Si vous croyez aux anges et aux archanges, lesquels pouvez-vous appeler à l'aide et à l'inspiration ?
- Imaginez que les Archanges sont des pétales de la même fleur, chacun a des forces de la Source, comment pouvez-vous assimiler et incorporer ces qualités pleinement ?
- Comment pouvez-vous accepter et révéler votre propre angélitude ?

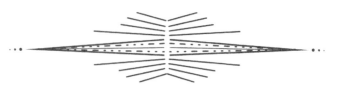

## 35. Développez vos pouvoirs psychiques !

Développez vos pouvoirs psychiques pour identifier les intrusions, soyez plus conscient de vos différents corps et éliminez les perturbations avant qu'elles ne s'installent complètement. La formation : « Portes multidimensionnelles et canalisation pour ambassadeurs cosmiques » est l'une des meilleures ressources pour nos étudiants afin de développer leurs outils psychiques. Recherchez des cours de médiumnité ou de développement psychique pour développer les vôtres et gagner en confiance dans vos pouvoirs.

*Exploration :*

- De la section précédente, quelles capacités psychiques sont éveillées en vous ? Lesquels pouvez-vous développer ?
- Comment pouvez-vous les utiliser ?

# 36. Augmentez votre dose de plaisir quotidienne

Augmentez votre dose de plaisir quotidienne, aidera à la sécrétion des hormones du bonheur telles que la Sérotonine, la Dopamine D, les Endorphines, l'Ocytocine ; cela vous donnera de la force, protègera votre système immunitaire et vous aidera à faire face à ce qui a besoin de votre attention ; vous garderez aussi votre énergie plus élevée et serez donc loin des influences négatives. Voici quelques exemples pour vous aider à augmenter votre dose de plaisir : écouter de la musique vibratoire[23], dessiner, chanter, marcher...

*Exploration :*

- Quel est votre moment de plaisir quotidien ? Cela peut être lorsque vous avez un baiser ou un câlin, ou après une bonne nuit de sommeil, lorsque vous dansez ou rencontrez un ami, prenez un bon repas, etc.
- Quel serait l'impact sur votre vie d'avoir une dose de plaisir quotidienne ?

_____
_____
_____
_____
_____
_____
_____
_____

_____

[23] Mais, sachez que certaines chansons sont très basses en vibration, remarquez-les et mesurez leur fréquence ou choisissez des cartes pour voir le vrai message de la chanson.

_____
_____
_____

## 37. La nature guérit

Être dans la nature vous aide à rétablir le contact avec le côté biologique et organique de la vie. En effet, la nature guérit, vous avez peut-être entendu parler des bains de forêt, de la guérison des océans, de l'héliothérapie (thérapie solaire) et ainsi de suite, car la nature a un immense potentiel de Force de vie, de lumière, de son et de géométrie qui détient la mémoire sacrée de la pureté, de la vie, de la beauté et de la lumière. Construisez une amitié avec les arbres de votre rue, les oiseaux qui s'assoient sur votre balcon ou votre jardin, les abeilles qui visitent vos fleurs, les papillons et même les mouches... Tout est rempli de Vie Sacré.

*Exploration :*

- À quand remonte la dernière fois que vous êtes allé vous promener dans la forêt ?
- Comment est votre relation avec les différents Êtres de la nature qui vous entourent : Arbres, Plants, Fées, Gnomes, etc. ?
- Comment pouvez-vous établir une amitié avec eux ?

## 38. Visitez un temple ou un lieu sacré

Selon le dictionnaire, un temple est un bâtiment ou un lieu dédié au service ou au culte d'une ou de plusieurs divinités.

Plusieurs temples existent à travers la planète dont le Temple de Salomon à Jérusalem, le Parthénon à Athènes, le temple d'Ain Dara en Syrie, le Temple du Soleil au Machu Picchu, les temples taoïstes, etc. Certains temples ont été convertis en église, mosquée ou école, mais cela n'enlève pas l'énergie et l'intention originales du temple.

Le temple peut être un point de connexion entre différentes Dimensions :

- Terre et ciel,
- Nord et Sud,
- Femelle et Mâle,
- Physique et Spirituel,
- Différentes nations.

Les Temples se trouvent toujours dans les frontières entre 2 mondes, qu'ils soient la frontière du physique et de l'éthérique, entre deux nations ou pays, entre l'ignorance et la connaissance.

*Les temples sont des couloirs qui permettent le passage vers un Nouveau Monde vibratoire, physique, spirituel, politique et culturel.*

L'énergie du temple doit être pure, fluide, sacrée, respectée et protégée des agressions et des fluctuations d'un monde ou d'un autre.

Un temple est physiquement situé à un endroit énergétique sur terre qui permet l'élévation de l'énergie et les voyages à plusieurs niveaux (y compris vibratoires).

*Les temples sont des manifestations de l'Intention Divine et un Couloir Vibratoire.*

Les temples ont été détruits et reconstruits à plusieurs reprises. En Europe, par exemple, l'Église du 4$^e$ siècle s'est appropriée des sanctuaires païens et d'autres sites religieux non chrétiens afin de créer des lieux saints chrétiens.

Ces temples détiennent l'énergie primaire et l'intention de leur création, même s'ils sont détruits ou détournés, ils maintiennent la première intention énergétique et le premier couloir. Lorsque vous visitez une église, je vous invite à vous connecter avec l'Intention initiale, à faire un voyage dans le temps pour trouver les premiers initiateurs, ceux qui ont mis les premières pierres dans le lieu sacré. Allez au-delà du présent.

En arrivant à ce point temporel, vous entendrez peut-être le langage des « Anciens lumineux », vous percevrez à travers vos sens les Êtres qui ont été là/sont là pour garder l'empreinte sacrée de ce lieu. Si vous avez la Vérité en vous, ils vous ouvriront les portes et vous donneront accès à leur sagesse.

À partir de maintenant, si vous (re)visitez ce lieu, vous vous y connecterez comme étant le lieu du Lumineux...

**Que faire ?**

Visitez les temples et les lieux sacrés pour vous connecter avec les méridiens sacrés de la terre de guérison.

Vous pouvez également visiter un temple éthérique tel que le Temple des Roses pour faire vibrer la Rose que vous êtes et augmenter vos vibrations, ou le Temple de la Vérité pour vous connecter à la Vérité Divine.[24]

---

[24] Ces temples sont ouverts si vous souhaitez en savoir plus, visitez www.ouassimagik.com

## 39. Suivez le cycle du Soleil

Levez-vous avec le soleil et réduisez votre activité après le coucher du soleil, vivez avec les saisons et mangez des fruits et légumes qui sont cultivés naturellement et organiquement, synchroniserez-vous au rythme harmonique de l'univers. Même les planètes tournent autour du Soleil et le suivent, nous devons faire de même !

**Exploration :**

- Comment pouvez-vous suivre les cycles solaires ? Par saison ? À travers la nourriture ?

## 40. Suivez le cycle de la Lune

L'impact de la Lune sur vous et vos cycles intimes est immense. La lune a certainement un grand impact sur la santé selon plusieurs études.

Tout d'abord, imprimez un calendrier lunaire pour l'année et notez dans votre journal les changements que votre corps, votre humeur et votre énergie vivent à travers les cycles.

Autour de la pleine lune et la Nouvelle lune:

- Il y a une croissance excessive de bactéries,
- Les symptômes de déséquilibres émotionnels et mentaux sont plus intenses,
- C'est le moment d'aider le corps à se détoxifier et à se nettoyer,
- Il est important d'aider le cœur, d'avoir suffisamment de sommeil et de tranquillité d'esprit, d'éviter l'hyperactivité, car la lune a aussi un impact sur le cerveau.

Remarquez s'il y a des intrusions qui se produisent autour de la Pleine ou Nouvelle lune et préparez-vous à être protégé et PLEIN à l'intérieur.

*Exploration :*

- Les cycles de la Lune vous influencent-ils en ce moment ?
- Comment pouvez-vous adapter votre vie aux cycles lunaires pour être protégé et en équilibre ?

_____
_____
_____
_____

# Chapitre 7 : 14 techniques plus avancées

pour travailleurs de lumière

# 1. La Chirurgie éthérique

Médecins du ciel – Become an Oracle deck

La chirurgie éthérique/énergétique est un type de soin énergétique à vibrations élevées.[25]

Ce n'est pas « Moi » qui fais la chirurgie éthérique, ce sont les médecins du ciel, des médecins d'autres Dimensions qui sont beaucoup plus évolués que nous et qui ont des technologies plus avancées pour opérer sur les corps énergétiques. Ils interviennent lorsque cela est nécessaire et selon les besoins de la personne.

Avec la chirurgie éthérique, nous n'avons pas besoin de toucher la personne, nous pouvons procéder à distance. Avec nos alliés/guides, nous avons un langage technique et automatique, pas beaucoup d'émotions,

---

[25]Pour en savoir plus sur la chirurgie éthérique, voir la formation : Outils éthériques par Sylvain et Ouassima sur le site de l'Académie.

mais savons où chercher et avons la capacité de détecter la source de dysfonctionnements énergétiques.

Ce type de chirurgie n'est pas médical, il peut être ressenti sur le plan physique, mais ce n'est pas une chirurgie sur le plan médical ou physique. D'autres Channelers[26] peuvent le faire sur le plan physique. Nous ne le faisons pas.

Il est également important de dire que ce type de chirurgie n'est pas une alternative aux soins médicaux offerts par les professionnels de la santé. Chacun est responsable de sa propre santé et doit faire preuve de bon sens.

*Nous considérons que les méthodes que nous pratiquons sont complémentaires et non alternatives.*

Notez que nous ne faisons pas de diagnostics et ne rendons pas de décisions sur les types de déséquilibres énergétiques. Mais il est possible qu'on vous suggère de faire un suivi médical avec votre médecin avant et après le traitement. Rien de plus.

**Voici un processus que nous suivons avec nos alliés/guides :**

- Scannez les corps (les différents plans) du client, par exemple :
  1. Les organes en énergie,
  2. L'énergie du sang et la façon dont il circule,
  3. Lieux avec des zones de maladie ou de tension.
  
  Nous pouvons sentir les dissonances énergétiques sur notre propre corps, nous pouvons les voir avec notre 3$^e$ œil, ou nous pouvons simplement le savoir.
- Ensuite, nous procédons avec l'équipe des médecins du ciel : les médecins du ciel ont des spécialités différentes, ils se présentent selon l'énergie du client et leur prédisposition à recevoir les soins, ce qui se fait :
  - Détecter les zones manquant d'équilibre et ayant une dissonance au niveau du corps.
  - Effectuer une intervention chirurgicale au niveau éthérique :
    1. Procéder à une libération d'énergies anciennes, d'attaques, et autres.
    2. Fournir aux différents corps de l'énergie en Rayons de lumière[27], selon l'énergie et les besoins des gens; l'approvisionnement en énergie se fait

---

[26] Les travailleurs de l'énergie qui canalisent et opèrent selon leurs guides

[27] Cherchez : « Rayons et Piliers de Lumière » sur le site de l'école

en suivant les méridiens, ou en procédant directement sur les énergies des organes; ceux que nous travaillons le plus sont les énergies au niveau du cœur, foie, estomac, organes sexuels, colonne vertébrale, etc.
3. Pour les soins, il est possible d'amener la personne en voyage vers d'autres plans de conscience pour être dans un état de relaxation et de réceptivité.

*Voici une liste des sensations que la personne peut ressentir lors de l'opération :*

- Sensation la plus courante : picotements au niveau de la zone opérée et sensation de fraîcheur/froid,
- Flux d'énergie dans le corps, ou à certains endroits spécifiques,
- Sensation de légèreté après le traitement,
- Vision plus claire,
- Envie de dormir,
- Changement d'état de conscience,
- Etc.

**Les partenaires:**

Les médecins du ciel opèrent toujours en collaboration avec d'autres guides et esprits. Ils sont rapides et n'ont pas besoin de beaucoup de temps pour fonctionner, ils aiment travailler avec les cristaux.

**Un mot sur la technique**

- Nous ne travaillons pas sur des personnes sans leur consentement. On ne s'amuse pas à scanner les gens dans la rue par exemple.
- Il faut travailler sur soi-même pour être un canal de lumière ouvert, réceptif et de plus en plus évolué : avoir une alimentation équilibrée, libération des émotions, etc.
- Ce n'est pas un travail facile ou charmant ! Nous travaillons sur les zones d'ombre et si nous le faisons avec notre *persona*, notre *égo*, *notre identité humaine*, sans l'aide de nos alliés, **nous sommes cuits** ! Ce travail n'est pas fait à partir de l'égo ou de conscience terrestre. Le **travailleur de Lumière** doit être dans un certain niveau de conscience afin de ne pas **avoir d'interférence**. La méditation, le lâcher-prise, le changement rapide de niveau de conscience peuvent aider.

## 2. L'utilisation de « diapason»

Le son est particulièrement utile pour éliminer les intrusions. En utilisant les outils sonores, il est préférable de demander aux guides de faire la tonalité, car ils peuvent générer la tonalité requise avec plus de précision.

En utilisant le diapason, les mains du Travailleur de Lumière sont placées de chaque côté du chakra du client et le ton est dirigé pour éliminer l'énergie négative.

Il est nécessaire de faire appel à des alliés spirituelles pour générer ces sons, car certains sont en dehors de notre portée normale. Les guides ne s'attendent pas à ce que nous donnions le son, mais ils s'attendent à ce que nous le dirigions. Ils espèrent qu'à long terme, nous pourrons en être à l'origine, mais ce n'est pas le cas pour le moment. Une partie de la raison en est que jusqu'à ce que nous nous alignions, le ton que nous enverrions ne serait pas correct, donc nous laissons cela aux alliés/guides pour le moment.

D'autres outils peuvent être utilisés tels que des tambours, un bol tibétain, un gong et autres.

## 3. Retirer les implants

Afin de retirer un implant, on doit l'entourer avec beaucoup d'amour, placer une Merkabah autour de lui peut être un peu trop fort pour la plupart des gens, une forme géométrique enveloppant *l'ensemble* de l'implant peut être mieux adaptée, vous y placez l'amour de la Dimension Ultime ce qui rend le travail plus efficace.

*Utiliser l'amour divin pour restaurer le programme a plus d'avantages pour vous.*

Lors de la suppression des Êtres négatifs, appelez vos guides, ils peuvent rapidement entrer et les isoler avant qu'ils n'aient eu le temps de réagir, ils les remettent au Créateur.

Chaque fois que nous enlevons les Draconiens et les Reptiliens, nous devons mettre en place une protection immédiatement après; car ils sont très déterminés à empêcher les gens d'aller de l'avant et sont persistants et peuvent revenir si une fractale d'entre eux est laissée derrière.

## 4. Boucliers - Version avancée

Il existe plusieurs types de boucliers qui peuvent être utilisés pour la protection. Le bouclier est créé par l'intention de la personne et utilise une partie de son énergie aurique. Le bouclier peut être programmé pour absorber l'énergie négative ou pour la réfléchir/la repousser. Ces types de boucliers doivent être renouvelés au moins une fois par jour par la personne ou par le travailleur de lumière dans le cadre de la prière collective par exemple ou des soins sur plusieurs jours.

### La bulle protectrice

Créer une bulle de protection est comme un logiciel de protection antivirus fonctionnant sur votre ordinateur personnel, il filtre les influences potentiellement nocives et c'est une bonne pratique de renforcer cette bulle quotidiennement. Une faible estime de soi et un manque d'amour peuvent former un trou dans votre bulle protectrice et elle ne vous protègera plus de la négativité.

### Boucliers de cristal

Une autre forme de bouclier utilise une structure cristalline. Les coquilles de cristal peuvent servir de défense efficace contre des personnes particulières. Les matériaux appropriés sont l'obsidienne, le quartz rose et le quartz léger. La coquille cristalline est formée intentionnellement et le cristal est programmé pour dévier des fréquences particulières.

Les cristaux peuvent être utilisés pour former une coquille défensive contre les personnes qui sont simplement désagréables, mais sont moins efficaces avec les groupes liés à l'énergie satanique, diabolique ou extraterrestre.

Utilisez-les pour former une structure que ce soit dans une maison, une voiture, une pièce et construisez une protection autour de cette zone avec l'un des autres dispositifs tels qu'une *sphère de pouvoir aurique (voir plus bas)*, car le cristal aidera à l'ancrer. Si cette sphère est ancrée, il est plus difficile de l'endommager.

Note : assurez-vous qu'elle couvre complètement tous les côtés.

### La sphère aurique du pouvoir

Une sphère de pouvoir aurique (ASP) est un bouclier à bulles formé d'énergie aurique qui a une caractéristique défensive spéciale. Pour en savoir plus sur cette forme particulière de défense, veuillez lire le livre « Psychic Self-Defense » de Tazkuvel Embrosewyn[28].

Commencez par former une boule de puissance aurique dans vos mains. Asseyez-vous sur une chaise avec une petite table entre vos jambes. Placez un miroir à main sur la table. Formez l'ASP entre vos mains tout en regardant le miroir et placez l'intention dans l' ASP qu'elle a les propriétés d'un miroir. Dites à haute voix « Je forme une ASP miroir pour (remplir l'objectif spécifique de l'ASP) ». Continuez en disant : « Je forme cette ASP avec ma propre énergie aurique. Je suis connecté à elle et elle à moi ». Ajoutez ensuite « J'utilise toutes les énergies de puissance et de lumière pour renforcer davantage cette ASP et pour refléter l'énergie négative ». Pendant que vous dites cela, voyez dans votre esprit une lumière blanche dorée rayonnante et permettez-lui d'entrer en vous et de vous remplir de sa puissance. Envoyez le pouvoir dans vos bras et dans l'ASP. Écartez vos mains et visualisez l'ASP à la taille que vous voulez autour de vous. La sphère peut être aussi petite que votre espace personnel ou aussi grande que votre maison. Voyez l'espace entre l'ASP et vous complètement rempli de lumière. Maintenant, ramenez votre aura près de votre corps et voyez l'espace entre vous et l'ASP devenir un espace transparent normal.

## Le bouclier rotatif

En créant une bulle de lumière autour de vous avec une surface qui reflète ce qui lui arrive de l'extérieur, en tournant, elle devient une forme plus efficace de défense, car il est difficile pour l'énergie négative de la pénétrer.

Ce bouclier peut être d'une lumière blanche ou d'une lumière de couleur arc-en-ciel. En faisant tourner l'énergie, vous pouvez éjecter l'énergie négative.

## Le mur défensif

Lorsque vous détectez que vous êtes attaqué et que vous savez qui vous attaque, il est possible de créer intentionnellement et immédiatement un mur d'énergie entre vous et cette personne. Si l'extérieur de ce mur est un rideau d'énergie en mouvement, vous pouvez réellement disparaître de l'attaquant. Vous pouvez ajouter des rayons à ce mur et des intentions spécifiques et personnalisées en fonction de la condition que vous vivez.

---

[28] *La méthode pour créer une ASP est empruntée son livre, pour plus d'informations, veuillez-vous y référer.*

## 5. Protection intégrée

Une fois qu'une personne a atteint une vibration suffisamment élevée, il est possible que le centre de la forme géométrique émotionnelle tourne et éjecte toute énergie négative, soit de l'intérieur (de la personne elle-même), soit de l'extérieur.

Il est très important pour la personne de **croire qu'elle est protégée**, car tout doute laissera entrer la négativité. Il est important de faire face à l'attaque sans aucune émotion négative, mais avec confiance et foi.

C'est une expérience d'apprentissage, remerciez la personne en silence, mais soyez ferme dans votre rejet de toute énergie négative entrant dans votre domaine ou celui de votre client.

## 6. Réparer les points d'entrée

L'énergie négative essaiera de trouver le moyen le plus simple d'entrer dans votre champ d'énergie. Elle peut exploiter une maladie qui abaisse votre vibration et tout trou dans votre aura. C'est une bonne idée de vérifier régulièrement les portails / failles dans votre aura et de les réparer. Cela peut être fait intentionnellement.

*Éliminer les émotions piégées et stagnées vous aidera à augmenter votre vibration.*

Note : Les trous dans l'aura sont souvent causés par la croissance de notre corps d'énergie physique à mesure que nous continuons à évoluer. Cette croissance se manifeste par des changements physiques; il vaut la peine de vérifier votre aura de temps en temps ou de demander à un travailleur de lumière de le faire pour vous.

## 7. Tunnel lumineux

Si vous devez vous rendre à une destination particulière et que vous pensez qu'il y a des nuisances énergétiques, vous pouvez créer un tunnel de lumière entre votre maison et votre destination pour fournir une protection supplémentaire à votre propre bulle. Le tunnel est créé par visualisation et à l'aide de vos alliés/guides.

## 8. Une douche psychique

Lorsque vous avez été dans des environnements à faible vibration tels que les supermarchés, les environnements de bureau difficiles et n'importe où avec confrontation, il est très bénéfique de nettoyer votre système énergétique avant d'entrer dans votre maison. Au fur et à mesure que vous évoluez spirituellement, il est très important de garder votre environnement domestique à l'abri de l'énergie négative, car vous avez besoin que votre maison soit un lieu de revitalisation et de sécurité. La façon de nettoyer votre champ d'énergie de tout débris négatif qu'il a ramassé est d'avoir une douche psychique. Imaginez que vous vous tenez sous une douche, et au lieu d'eau, vous vous inondez d'une lumière blanche brillante et étincelante d'énergie divine. Voyez l'énergie s'accumuler à vos pieds et être retournée au Créateur avec toute la négativité accumulée. Vous pouvez le faire chaque fois que vous vous sentez lourd ou déprimé, car il est fort probable qu'il y ait de l'énergie négative attachée à l'extérieur de votre champ d'énergie.

## 9. Face à une arme psychique

Quand quelqu'un souffre de la présence d'armes à énergie, la meilleure façon de le soulager est de retirer l'arme et ensuite de restaurer l'énergie de l'endroit où elle se trouvait. Parfois, ce n'est qu'une question de temps. Vous pouvez poser votre main sur la zone et pulser une énergie vibratoire élevée pour rétablir le flux. Cela tend à extraire l'énergie négative qui reste et à libérer la personne.

## 10. Supprimer les nuages négatifs

Parfois, vous trouverez ce qui ressemble à un petit nuage d'obscurité dans le champ d'énergie d'une personne. L'énergie négative peut s'accumuler dans les nuages, dans les corps auriques où elle provoque une distorsion dans le flux d'énergie. Cela peut être nocif pour le corps et peut être éliminé en enfermant le nuage dans un filet doré et en le retirant du champ en toute sécurité avec l'aide des guides.

# 11. Enlevez les poignards, les couteaux et les griffes

Les poignards et les couteaux peuvent être enlevés en les recouvrant d'or avec une forme d'enveloppe extérieure en couleur argentée. Fermez le revêtement en or et extrayez-le et remettent-le aux guides pour un retrait en toute sécurité. Une affirmation positive est placée dans l'espace avant d'extraire le couvercle argenté extérieur.

Les griffes, d'autre part, causent des dommages au corps énergétique sous forme de déchirure et ces dommages doivent être réparés une fois les griffes enlevées. Les griffes viennent normalement en groupes de 3 et doivent toutes être enlevées en une seule séance. Chaque griffe est recouverte de la lumière rose de l'Amour divin, ce qui fera rétrécir la griffe. Chaque griffe peut ensuite être décrochée et placée dans une bulle de lumière blanche. Une fois que vous avez toutes les griffes dans la bulle, elles peuvent être remises aux guides pour une élimination en toute sécurité. Il est important de réparer les dommages immédiatement en plaçant la lumière sous la forme d'un patch sur la déchirure et de définir l'intention que la déchirure soit réparée.

# 12. Retrait des tubes d'aspiration

Les tubes d'aspiration d'énergie sont normalement reliés au plexus solaire, au chakra du cœur ou de la gorge du client, ce tube est attaché au plexus solaire de l'expéditeur. Pour le retirer, il est enveloppé dans une lumière dorée et déconnecté du destinataire avec l'intention que le tube se désintègre. Il est important de ne pas simplement déconnecter le tube, car il peut se reconnecter très facilement, mais de réparer la cause.

# 13. Suppression d'implants

Quand il s'agit d'implants négatifs, il est conseillé de demander l'aide de vos alliés/guides. Il ne s'agit pas seulement de retirer l'appareil ; les dommages doivent être évités lorsque l'implant est retiré, en particulier si l'appareil est piégé. Une réparation peut être nécessaire une fois qu'un appareil a été retiré, en fonction de la durée de son utilisation et de son activité.

## 14. Approche rapide pour éliminer les influences négatives

Plutôt que de s'attaquer aux influences négatives une à la fois, il est parfois possible d'accélérer le processus. Une approche plus rapide consiste à éliminer toutes les influences négatives en même temps :

- À l'aide de vos alliés, gelez d'abord toutes les influences négatives pour empêcher les formes de pensée mobiles de se cacher.
- Placez toutes les influences ensuite dans une forme géométrique. Un dodécaèdre est un bon choix.
- La forme géométrique peut ensuite être enlevée par vos guides en toute sécurité.
- Il est très important de remplacer les influences négatives par des émotions positives telles que la Joie, car les influences négatives originales sont souvent accompagnées d'émotions à faibles vibrations telles que la colère et la haine.

Une autre approche efficace inclut ces étapes :

- Faites descendre une colonne de lumière de la Source à travers tous vos chakras et dans le sol.
- Ensuite, apportez une colonne d'énergie terrestre à travers vos chakras à la Source.
- Faites pivoter les énergies dans le sens des aiguilles d'une montre et utilisez le mouvement pour faire tourner toute énergie négative et l'éjecter hors de votre champ.

Une autre technique consiste à apporter « l'énergie de l'âme cosmique » au plan terrestre, elle remplira entièrement votre être et augmentera la vibration de votre énergie instantanément, vous rendant moins vulnérable à la pollution énergétique.

Au fur et à mesure que vous augmentez votre fréquence vibratoire, il est de plus en plus difficile pour l'énergie négative de rester dans votre champ.

# Chapitre 8 : Vue d'ensemble

Alors que nous nous préparons à entrer dans les Dimensions supérieures, l'Ombre et la Lumière s'affrontent de plus en plus. À travers cette bataille, les gens essaient d'évoluer et de s'éloigner de la 3$^e$ Dimension et de la dualité intérieure, et de se connecter à ce qui est plus Pur, Sage, Amour en eux. D'autres décident de rester dans le monde antique ; ils s'enferment dans cette grille et à moins qu'ils ne décident d'en sortir, ils n'évolueront pas.

Lorsque notre environnement interne est harmonieux, nous sommes en mesure de :

- Voir le monde différemment.
- Construire une meilleure réalité pour nous-mêmes et nos familles, et pour les autres.
- Vivre dans la Paix, la Joie et l'Harmonie.

Nous sommes confrontés à des nuisances énergétiques auxquelles nous devons nous préparer afin de préserver l'intégrité de notre être et de notre harmonie intérieure. En montant dans la grille dimensionnelle :

- Nous augmentons notre taux vibratoire,
- Nous gagnons plus de sagesse, de clarté et voyons la Vérité de toute chose,
- Nous nous remplissons de ce que nous sommes : une âme lumineuse Dieu-Déesse-Créateur-Créatrice. Nous redevenons Un. Ou plutôt, nous nous rappelons que nous sommes Un

*Le but ultime de la protection psychique est de vous donner un répit pour atteindre l'Unité intérieure...*

*Que l'Union soit votre objectif.*

# Annexes – Votre plan

L'autoprotection n'est pas une action ponctuelle, c'est un long processus de préparation et d'actions quotidiennes:

## Tout le temps !

| Faites le travail ! Faites le travail ! Voici quelques actions : | Comment pouvez-vous mettre en œuvre cette action ? | Quotidien/ Hebdomadaire/ mensuel |
|---|---|---|
| <ul><li>Focus sur la beauté</li><li>Des actions quotidiennes !</li><li>Cultivez et préservez votre espace intérieur</li><li>Respiration et relaxation</li><li>Augmentez votre dose de plaisir quotidienne</li><li>Priez !</li><li>Invocations et affirmations</li><li>Les Mantras</li><li>Avoir un espace dédié aux esprits</li><li>Visualisation créative : Que voulez-vous être et réaliser dans votre vie, ne laissez pas d'espace vide en vous, ne soyez pas un outil dans le rêve de quelqu'un d'autre. Soyez celui qui rêve.</li><li>Écrire</li><li>La chanson de l'énergie : Chantez votre âme !</li><li>Passez du temps avec vos cartes</li><li>Faire un don</li><li>Visitez un temple ou un lieu sacré</li><li>Suivez le cycle du Soleil</li><li>Suivez le cycle de la</li></ul> | | |

|  |  |  |
|---|---|---|
| Lune<br>- Comprendre la peur et la transmuter<br>- Souvenez-vous de votre âme ! Faites la récupération de l'âme, souvenez-vous de vos origines cosmiques. Remplissez-vous de VOUS et devenez souverain. |  |  |

## Que se passe-t-il si quelque chose se passe ?

| Vous êtes ici maintenant Que faire ? | En cas d'intrusion* | Après l'évènement/sensibilisation |
|---|---|---|
| • APPRENDRE<br>• Connectez-vous à l'Unité<br>• Réfléchissez et remettez-vous en question<br>• Apprendre et respecter les Lois Cosmiques<br>• Lisez à propos de « 36 Strategies of War » par Sun Tzu, renforcez votre esprit et votre corps avec une pratique, Sport, Arts Martiaux.<br>• Mieux connaître vos corps énergétiques<br>• Développez vos pouvoirs psychiques !<br>• Mettez les boucliers<br>• En savoir plus sur la magie, la Géométrie sacrée, le corps éthérique et plus encore.<br>• Restez à l'écart des influences négatives | • Identifiez ce que vous ressentez / sentez / voyez s'il vous appartient<br>• Soyez le témoin de ce qui se passe, ne vous laissez pas aller à la peur ou au drame.<br>• Faites appel aux Dragons, aux Anges et à d'autres esprits pour vous protéger.<br>• La méthode ultime d'Isis<br>• Refusez les attaques avec amour et compassion<br>• Nettoyer énergétiquement et physiquement<br>• Trouvez quelqu'un en qui vous avez confiance pour vous aider !<br>• | • Réfléchissez et remettez-vous en question<br>• Bougez, dansez et chantez : pour vous souvenir de qui vous êtes et nettoyer votre énergie<br>• Nettoyez votre espace physique, utilisez de l'eau et d'autres outils de Nest of Light Oracle<br>• Apprenez les leçons et ajustez votre posture intérieure<br>• Définir de nouvelles limites<br>• Cherchez de l'aide professionnelle pour fermer une fois pour toutes les « portes ouvertes » qui permettent aux intrusions d'être là, pour comprendre les |

|  |  | causes et comprendre les leçons. |

\* Les intrusions peuvent être causées par plusieurs facteurs et le processus d'éveil peut en déclencher certains : lorsque vous éveillez vos pouvoirs et que vous rassemblez vos souvenirs, vous pouvez remarquer des attaques qui sont là depuis longtemps et qui peuvent provenir de vies passées. Ce sera le moment de les traiter et de vous libérer des influences négatives du passé et des croyances limitantes.

# Pour aller plus loin

**Nest of Light Oracle pour augmenter votre vibration**
**Livre et Ateliers**
+ Un défi gratuit de 7 jours pour augmenter votre vibration disponible sur
www.coremagik.com

Bien plus qu'un jeu d'oracle, nous vous donnons des clés puissantes et des moments de connexion pour vous aider à harmoniser et à élever vos vibrations, à purifier les énergies autour de vous, afin de trouver la clarté pour concentrer votre mission de vie

C'est une expérience...

Cet oracle est une boîte à outils pour vous accompagner et vous reconnecter :

- À vous-même, à votre force intérieure et à votre pouvoir d'agir...
- Aux hautes fréquences qui favorisent votre bien-être...
- À vos alliés, guides, amis magiques qui sont là pour vous aider...
- À votre cœur, à vos émotions, à vos sentiments...
- À votre créativité, votre joie et votre plaisir.

Cette boîte vous apprendra à utiliser le pouvoir de l'intention, vos sens, vos rituels et votre propre magie pour créer une nouvelle réalité.

**Traduction à venir - Prospérer dans la nouvelle vibration : une approche canalisée de la santé et du bien-être pour la vie après 2020**

Disponible sur Amazon

Prospérer dans la Nouvelle Vibration est un livre sur l'Éveil Spirituel et fournit les outils pour vous aider à Évoluer et à élever votre vibration. Le but de notre vie est d'évoluer spirituellement, et nous le faisons en vivant la vie au maximum, en suivant notre passion et en apprenant de nos expériences. Ce livre donne une explication simple à suivre de ce qu'est vraiment la vie et de son fonctionnement. Des informations sont fournies sur la guérison énergétique et le traitement de la cause profonde de la maladie dans le but de vous aider à éliminer les influences négatives, les traumatismes émotionnels et les obstacles auto-limitants à votre évolution. Cette information est particulièrement importante en cette période de grands changements et de stress, et vous aidera à comprendre ce qui se passe et comment y faire face. Nous devons comprendre que nous sommes un être énergétique qui vit une existence physique et que la compréhension de notre maquillage énergétique est essentielle pour prospérer dans ce nouvel environnement. Ce livre explique comment notre plan de vie est mis en œuvre par notre système énergétique et montre comment travailler avec lui pour améliorer notre bien-être. Les informations contenues dans ce livre ont été canalisées par un groupe d'Êtres spirituels dévoués qui veulent aider à l'éveil spirituel de la terre.

Formations pour aller plus loin:

## Initiation à la thérapie par les Roses au Temple de la Rose

Le Temple des Roses est un espace de partage, d'authenticité, de créativité, de magie, de Lumière. C'est un Temple où vous êtes les lumières aux couleurs de l'Arc-en-ciel, aux couleurs des Roses. C'est Un espace ou vous pouvez vous sentir libre de voyager avec la Rose, libre d'être celles et ceux qui vibre en vous, libre de partager avec les autres Prêtresses. Au cours de cette initiation au Temple :

- Vous Connaîtrez les secrets de guérison des Roses sur plusieurs plans d'existence,
- Vous ferez des voyages cosmiques pour apporter des connaissances mystiques,
- Vous apprendrez différentes modalités de thérapies et de divination avec les Rose,
- Vous recevrez des soins et serez en mesure d'en offrir aussi,
- Vous connecterez aux Roses à travers les Cérémonies, Rituels, et Art Sacrés,
- Vous apprendrez à fabriquer votre propre Sac Médecine - Spécial Rose,
- Vous Communiquerez avec les Roses directement,
- Vous connecterez à la Mère cosmique, les Maries, et à d'autres alliés spirituels.
- Vous re-apprendrez à vibrer Amour, générosité et sagesse, vous apporterez de l'harmonie entre le féminin et masculins divins.

Disponibles sur www.Ouassimagik.com

**Nous avons trouvé ces livres particulièrement utiles :**

1. Autodéfense psychique par Tazkuvel Embrosewyn
2. Psychic Shield: The Personal Handbook of Psychic Protection par Caitlin Matthews
3. Défi de 365 jours avec Tarot & Oracles pour mystiques de Ouassima Touahria
4. Geometry Signatures, Harmonizing the body's subtle Energy Exchange with the Environment, par Ibrahim Karim, Ph. D. Dr.Sc.

# À propos des auteurs
# Ouassima Issrae Touahria

Ouassima Issare est auteure et créatrice de CoreMagik et de l'Académie, Ambassadrice Cosmique, elle offre des soins chamaniques et énergétiques et donne de multiples formations et programmes en ligne. Il s'inspire de la nature, de la magie et des étoiles. Connue pour sa créativité et sa douceur, elle crée différents outils pour aider dans la vie quotidienne, et elle partage des enseignements pour soutenir le processus d'ascension.

Ouassima Issrae propose des livres, des consultations et des cours approfondis pour aider les personnes qui doutent d'elles-mêmes, qui sont confuses au sujet de la spiritualité et de la façon de la vivre dans la réalité physique, celles qui se sentent désalignées et vulnérables dans le monde d'aujourd'hui aux énergies et aux opinions négatives qui les poussent à mettre leurs rêves de côté et à « se fermer ».

En tant que gardienne de la vérité, ambassadrice cosmique, gardienne des archives, prêtresse du Temple de la Rose et du Temple du Soleil, elle aide ses clients, ses étudiants et ses lecteurs à voyager à l'intérieur d'eux-mêmes et à l'extérieur afin d'apporter la guérison et la connaissance qui peuvent être utiles pour eux-mêmes et les générations futures.

Ouassima Issrae a également été championne d'échecs et titulaire d'une maîtrise en gestion et technologie, a étudié le journalisme et la gestion de projet, la naturopathie, le chamanisme et la médecine végétale. Elle est aussi danseuse, artiste, intéressée par la Tarologie & Oracologie® et les enseignements mystiques.

Retrouvez Ouassima Issrae ici : www.ouassimagik.com & www.coremagik.com

# Maggie & Chris de -Combe

Maggie de Combe est une praticienne certifiée de polarité, une praticienne cranio-sacrale, une praticienne du chemin de guérison et une praticienne du toucher thérapeutique. Maggie propose des séances de guérison individuelles et à distance. Dans sa pratique habituelle, Maggie reçoit souvent des informations de ses guides spirituels. Elle a fait connaissance avec ses guides spirituels pour la première fois il y a près de 30 ans, mais ce n'est qu'en 2015 qu'elle a commencé à canaliser les informations présentées dans ses livres et ses cours de formation.

Chris de Combe, est consultant diplômé en santé naturelle spécialisé en techniques énergétiques de l'Institut des consultants en santé naturelle de Montréal. Au cours de la formation de trois ans, il a suivi des cours de chamanisme et a appris des techniques telles que les voyages et la récupération de l'âme. En étude privée, il a passé du temps avec un chamane au Pérou et a été initié à la tradition andine de la pratique chamanique. Chris travaille avec Maggie dans une séance de guérison en tête-à-tête et ils ont une expérience considérable dans le traitement de l'attaque psychique.

Retrouvez-les ici : https://thrivinginthenewvibration.com/

# À propos de Coremagik

En travaillant avec des auteurs nouveaux ou établis, nous offrons un pont pour apporter la sagesse, la magie et le mystère au monde. Notre maison de création aide les auteurs à entrer sur la scène mondiale pour faire avancer les messages qui doivent être partagés à travers les mots et l'art. Nous reconnaissons que leur travail est basé sur la collaboration sacrée et la réciprocité. Retrouvez-nous ici : www. coremagik.com

Printed in France by Amazon
Brétigny-sur-Orge, FR